佛敎書院⑥受持讀誦

예불의식집

석굴암부처님

나무 청정법신 비로자나불
南無　清淨法身　毘盧遮那佛

나무 원만보신 노사나불
南無　圓滿報身　盧舍那佛

나무 천백억화신 석가모니불
南無　千百億化身　釋迦牟尼佛

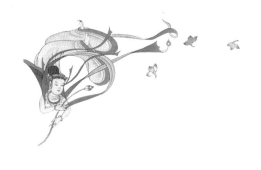

차 례

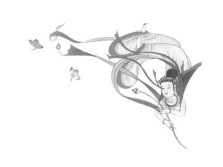

약이색견아 이음성구아 시인행사도 불능견여래

若以色見我　以音聲求我　是人行邪道　不能見如來

만약 형상을 통해 나를 보거나
음성을 통해 나를 찾는다면
이 사람은 삿된 도를 가질 뿐
여래를 능히 보지 못하리라.

– 금강경 사구게 중에서 –

❳조석예불❲

도량석 목탁·조석예불 종송법

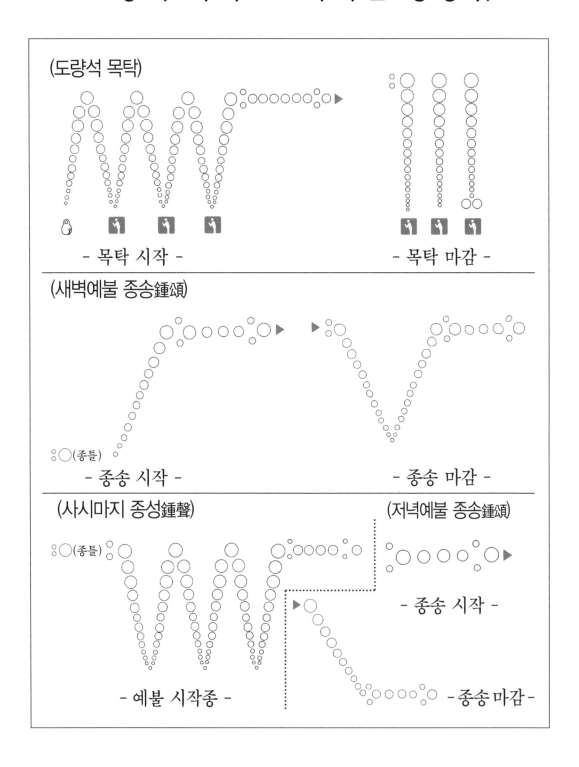

(도량석 목탁)

- 목탁 시작 - - 목탁 마감 -

(새벽예불 종송鍾頌)

○ ○ (종틀)

- 종송 시작 - - 종송 마감 -

(사시마지 종성鍾聲) (저녁예불 종송鍾頌)

○ ○ (종틀)

- 예불 시작종 - - 종송 시작 -

- 종송 마감 -

조석예불 朝夕禮佛

아침에는 다게(茶偈)로 시작하여 예불을 하고, 저녁에는 오분향례(五分香禮)로 예불을 시작한다. 이어지는 칠정례(七頂禮)는 아침 저녁 동일하다. 오분향례를 우리들 마음에 빗대서 자세히 설명하면 다음과 같다.

① 계향(戒香)은 모든 악을 끊고 선을 닦는다는 말이니, 즉 자기의 마음 가운데 그름[非]이 없고 악함이 없고 질투가 없고, 탐심(貪心, 탐욕)과 진심(瞋心, 분심)이 없고 치심(痴心, 어리석음)이 없는 것을 말한 것이다.

② 정향(定香)은 모든 선악 경계를 보더라도 자기의 마음이 어지럽지 않으므로 물러나지 않음을 말한다.

③ 혜향(慧香)은 자기의 마음에 걸림이 없어서 항상 지혜(智慧)로써 자성(自性)을 살펴보면서 모든 악을 짓지 않으며 비록 여러 가지 착한 행을 닦더라도 마음에 집착하지 않음을 말한다.

④ 해탈향(解脫香)은 마음이 모든 사물에 의지하지 않고 무명(無明)에 결박된 것을 끊어 버리고 선과 악을 생각지 아니하여 자재무애(自在無碍)함을 말한 것이다.

⑤ 해탈지견향(解脫知見香)은 스스로 본심을 알아서 모든 부처님의 진리를 통달하여 곧 보리진성(菩提眞性, 깨달음)에 이른다는 말이다.

이와같은 다섯 가지 향이 가장 높은 향이라 세간에 비할 것이 없으니 부처님께서 생존해 계실 때에 모든 제자로 하여금 값으로는 말할 수 없는 보배향을 피워서 삼세의 모든 부처님과 본연청정한 자성불(自性佛)에게 공양올리도록 하셨던 것이다.

모양과 향기를 갖춘 향인 다섯 가지 향으로써 마음 속의 모든 나쁜 것을 없애는 것을 상징적으로 나타내기에 우리들이 법당에서 예불 올릴 때 부처님 앞에 먼저 향을 사루어 올리는 것이다.

상단예불 上壇禮佛

불보살님을 모신 상단上檀에 삼보三寶에 귀의하며 축원을 올리는 예경의식

(1) 예불문 禮佛文

스님

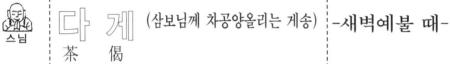
다게 (삼보님께 차공양올리는 게송) -새벽예불 때-
茶 偈

아금청정수 **변위감로다**
我 今 淸 淨 水　變 爲 甘 露 茶

봉헌삼보전
奉 獻 三 寶 前

원수애납수 **원수애납수**
願 垂 哀 納 受　　願 垂 哀 納 受

원수자비애납수
願 垂 慈 悲 哀 納 受

저희지금　청정수로　감로차를
만들어서　삼보전에　올리오니
애민으로　받으시고　자비하신
원력으로　굽어살펴　주옵소서.

오분향례 五分香禮 (삼보님께 다섯가지 향으로 예경하는 게송) 스님

-저녁예불 때-

계향 정향 혜향 해탈향 해탈지견향
戒香 定香 慧香 解脫香 解脫知見香

광명운대 주변법계 공양시방
光明雲臺 周遍法界 供養十方

무량불법승
無量佛法僧

지계향을 올리옵고 선정향을 올리오며
지혜향을 올리옵고 해탈향을 올리오며
해탈지견향을 올립니다.
청정도량 광명구름 온법계에 두루비춰
시방세계 한량없는 삼보전에 올립니다.

헌향진언
獻香眞言

『옴 바아라 도비야 훔』(3번)

대중

칠정례 (삼보님께 일곱구절로
七 頂 禮 받들어 올리는 예경)

-아침 · 저녁 예불 때-

지심귀명례 삼계도사 사생자부
至 心 歸 命 禮 三 界 導 師 四 生 慈 父

시아본사 석가모니불
是 我 本 師 釋 迦 牟 尼 佛

삼계도사 사생자부 우리본사 석가모니
부처님께 지심귀명 하옵니다.

지심귀명례 시방삼세 제망찰해
至 心 歸 命 禮 十 方 三 世 帝 網 刹 海

상주일체 불타야중
常 住 一 切 佛 陀 耶 衆

시방삼세 온 누리에 항상계신 부처님께
지심귀명 하옵니다.

지심귀명례 시방삼세 제망찰해
至 心 歸 命 禮 十 方 三 世 帝 網 刹 海

상주일체 달마야중
常 住 一 切 達 磨 耶 衆

시방삼세 온 누리에 항상계신 가르침에
지심귀명 하옵니다.

지심귀명례 대지문수사리보살
至心歸命禮 大智文殊舍利菩薩

대행보현보살 대비관세음보살
大行普賢菩薩 大悲觀世音菩薩

대원본존지장보살마하살
大願本尊地藏菩薩摩訶薩

대지혜의 문수사리보살 대원행의 보현보살
대자비의 관세음보살 대원본존 지장보살님께
지심귀명 하옵니다.

지심귀명례 영산당시 수불부촉
至心歸命禮 靈山當時 受佛付囑

십대제자 십육성 오백성 독수성
十大弟子 十六聖 五百聖 獨修聖

내지 천이백제대아라한
乃至 千二百諸大阿羅漢

무량자비성중
無量慈悲聖衆

영산당시 부처님법 부촉 받으신 십대제자
십육성 오백성인 독수성현 천이백의 대아라한
무량하신 자비성중께 지심귀명 하옵니다.

지심귀명례 서건동진 급아해동
至心歸命禮 西乾東震 及我海東

역대전등 제대조사 천하종사
歷代傳燈 諸大祖師 天下宗師

일체미진수 제대선지식
一切微塵數 諸大善知識

인도중국 거쳐와서 우리나라 이르도록 밝은불법
전해주신 수많은 역대조사 천하의 대종사님
많고많은 선지식께 지심귀명 하옵니다.

지심귀명례 시방삼세 제망찰해
至心歸命禮 十方三世 帝網刹海

상주일체 승가야중
常住一切 僧伽耶衆

시방삼세 온누리에 항상계신 승보님께
지심귀명 하옵니다.

유원 무진삼보 대자대비 수아정례
唯 願 無 盡 三 寶 大 慈 大 悲 受 我 頂 禮

명훈가피력 원공법계제중생
冥 薰 加 被 力 願 共 法 界 諸 衆 生

자타일시성불도
自 他 一 時 成 佛 道

원하건대 대자비의 다함없는 삼보시여
저희예경 받으시고 가피력을 내리시어
무진삼보 가피하여 온법계의 모든중생
너도나도 모두함께 무상불도 이뤄지다.

(2) 발원 發願

❶ 행선축원 (중생을 위해 조석으로 부처님 전에 올리는 축원으로
行 禪 祝 願 통상 다음의 나옹화상발원문을 넣어서 염송함)

조석향등헌불전 귀의삼보예금선
朝夕香燈獻佛前 歸依三寶禮金仙

국계안녕병혁소 천하태평법륜전
國界安寧兵革消 天下太平法輪轉

원아세세생생처 상어반야불퇴전
願我世世生生處 常於般若不退轉

여피본사용맹지 여피사나대각과
如彼本師勇猛智 如彼舍那大覺果

여피문수대지혜 여피보현광대행
如彼文殊大智慧 如彼普賢廣大行

여피지장무변신 여피관음삽이응
如彼地藏無邊身 如彼觀音卅二應

시방세계무불현 보령중생입무위
十方世界無不現 普令衆生入無爲

문아명자면삼도 견아형자득해탈
聞我名者免三途 見我形者得解脫

여시교화항사겁 필경무불급중생
如 是 敎 化 恒 沙 劫　畢 竟 無 佛 及 衆 生

시방시주원성취 시회대중각복위
十 方 施 主 願 成 就　時 會 大 衆 各 伏 爲

선망부모왕극락 현존사친수여해
先 亡 父 母 往 極 樂　現 存 師 親 壽 如 海

법계고혼이약취 산문숙정절비우
法 界 孤 魂 離 若 趣　山 門 肅 靜 絶 悲 憂

사내재앙영소멸 토지천룡호삼보
寺 內 災 殃 永 消 滅　土 地 天 龍 護 三 寶

산신국사보정상 준동함령등피안
山 神 局 司 補 禎 祥　蠢 動 含 靈 登 彼 岸

세세상행보살도 구경원성살바야
世 世 常 行 菩 薩 道　究 竟 圓 成 薩 婆 若

마하반야바라밀
摩 訶 般 若 波 羅 蜜

나무석가모니불 나무석가모니불
南 無 釋 迦 牟 尼 佛　南 無 釋 迦 牟 尼 佛

나무 시아본사 석가모니불
南 無 是 我 本 師　釋 迦 牟 尼 佛

행선축원(우리말)

부처님께 향과등불 조석으로 올리옵고
삼보전에 귀의하여 공경예배 하옵나니
우리나라 태평하고 흉년난리 소멸하여
온세계가 평화로워 부처님법 이뤄지다

원하오니 이내몸이 세세생생 날적마다
반야지혜 좋은인연 물러나지 아니하고
우리본사 세존처럼 용맹하신 뜻세우고
비로자나 여래같이 대각과를 이룬뒤에
문수사리 보살처럼 깊고밝은 큰지혜와
보현보살 본을받아 크고넓은 행원으로
넓고넓어 끝이없는 지장보살 몸과같이
천수천안 관음보살 삼십이응 몸을나퉈

시방삼세 넓은세계 두루돌아 다니면서
모든중생 제도하여 열반법에 들게할제
내이름을 듣는이는 삼악도를 벗어나고
내모습을 보는이는 생사번뇌 해탈하고

억천만겁　지나면서　이와같이　교화하여
부처님도　중생들도　모든차별　없어지다
시방삼세　시주님들　모든소원　이뤄지며
지금모인　대중들의　각각모든　복위들인
선망부보　제형숙백　왕생극락　하옵시며
살아계신　은사육친　수명장수　하옵시고
온법계의　애혼고혼　삼도고해　벗어지다
산문도량　정숙하여　근심걱정　끊어지고
도량내의　대소재앙　길이길이　소멸되며
토지천룡　신장님들　삼보님을　호지하고
산신국사　호법신은　상서정기　드높이니
움직이는　모든생령　저언덕에　태어나서
세세생생　언제라도　보살도를　행하여서
구경에는　일체지를　원만하게　이뤄지다.

마하반야바라밀

나무석가모니불 나무석가모니불
나무 시아본사 석가모니불

❷ 이산선사 발원문
怡山禪師 發願文

시방삼세 부처님과 팔만사천 큰법보와
十方三世 八萬四千 法寶

보살성문 스님들께 지성귀의 하옵나니
菩薩聲聞 至誠歸依

자비하신 원력으로 굽어살펴 주옵소서
慈悲 願力

저희들이 참된성품 등지옵고 무명속에
性品 無明

뛰어들어 나고죽는 물결따라 빛과소리

물이들고 심술궂고 욕심내어 온갖번뇌
慾心 煩惱

쌓았으며 보고듣고 맛봄으로 한량없는

죄를지어 잘못된길 갈팡질팡 생사고해
罪 生死苦海

헤매면서 나와남을 집착하고 그른길만
執着

찾아다녀 　여러생에 　지은업장 　크고작은
　　　　　　　生　　　　 業障

많은허물 　삼보전에 　원력빌어 　일심참회
　　　　　三寶前　　 願力　　 一心懺悔

하옵나니 　바라옵건대

부처님이 　이끄시고 　보살님네 　살피옵서
　　　　　　　　　 菩薩

고통바다 　헤어나서 　열반언덕 　가사이다
苦痛　　　　　　　 涅槃

이세상의 　명과복은 　길이길이 　창성하고
世上　　 命 福　　　　　　 昌盛

오는세상 　불법지혜 　무럭무럭 　자라나서
世上　 佛法智慧

날적마다 　좋은국토 　밝은스승 　만나오며
　　　　　 國土

바른신심 　굳게세워 　아이로서 　출가하여
信心　　　　　　　　　　　　 出家

귀와눈이 　총명하고 　말과뜻이 　진실하며
　　　　 聰明　　　　　　　 眞實

세상일에 　물안들고 　청정범행 　닦고닦아
世上　　　　　　　 淸淨梵行

서리같은 엄한계율 털끝인들 범하리까
嚴　戒律　　　　　犯

점잖은 거동으로 모든생명 사랑하여
舉動　　　生命

이내목숨 버리어도 지성으로 보호하리
至誠

삼재팔난 만나잖고 불법인연 구족하며
三災八難　　　　佛法因緣　具足

반야지혜 드러나고 보살마음 견고하여
般若智慧　　　　菩薩　　堅固

제불정법 잘배워서 대승진리 깨달은뒤
諸佛正法　　　　大乘眞理

육바라밀 행을닦아 아승지겁 뛰어넘고
六波羅蜜　行　　　阿僧祇劫

곳곳마다 설법으로 천겁만겁 의심끊고
說法　　　　　　疑心

마군중을 항복받고 삼보를 뵙사올제
魔軍衆　降伏　　三寶

시방제불 섬기는일 잠깐인들 쉬오리까
十方諸佛

온갖법문 다배워서 모두통달 하옵거든
法門　　　　　　　通達

복과지혜 福 智慧	함께늘어	무량중생 無量衆生	제도하며 濟度
여섯가지	신통얻고 神通	무생법인 無生法印	이룬뒤에
관음보살 觀音菩薩	대자비로 大慈悲	시방법계 十方法界	다니면서
보현보살 普賢菩薩	행원으로 行願	많은중생 衆生	건지올제
여러갈래	몸을나퉈	미묘법문 微妙法門	연설하고 演說
지옥아귀 地獄餓鬼	나쁜곳엔	광명놓고 光明	신통보여 神通
내모양을	보는이나	내이름을	듣는이는
보리마음 菩提	모두내어	윤회고를 輪廻苦	벗어나되
화탕지옥 火湯地獄	끓는물은	감로수로 甘露水	변해지고 變
검수도산 劍樹刀山	날센칼날	연꽃으로	화하여서 化
고통받던 苦痛	저중생들 衆生	극락세계 極樂世界	왕생하며 往生

나는새와 기는짐승 원수맺고 빚진이들

갖은고통(苦痛) 벗어나서 좋은복락(福樂) 누려지다

모진질병(疾病) 돌적에는 약(藥)풀되어 치료(治療)하고

흉년(凶年)드는 세상(世上)에는 쌀이되어 구제(救濟)하되

여러중생(衆生) 이익(利益)한일 한가진들 빼오리까.

천겁만겁(千劫萬劫) 내려오던 원수거나 친한이나

이세상의 권속(眷屬)들도 누구누구 할것없이

얽히었던 애정(愛情)끊고 삼계고해(三界苦海) 뛰어나서

시방세계(十方世界) 중생(衆生)들이 모두성불(成佛) 하사이다.

허공(虛空)끝이 있사온들 이내소원(所願) 다하리까

유정들도 무정들도 일체종지 이뤄지이다
有情　　無情　　一切種智

마하반야바라밀
摩訶般若波羅蜜

나무 석가모니불
南無　釋迦牟尼佛

나무 석가모니불
南無　釋迦牟尼佛

나무 시아본사 석가모니불
南無　是我本師　釋迦牟尼佛

중단예경 中壇禮敬 ※ 사찰에 따라 다음의 (1)(2)번 중 선택하여 사용함

(1) 신중단예경 神衆壇禮敬 옹호하는 신중단에 올리는 예경의식

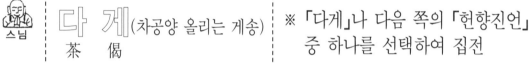

다 게(차공양 올리는 게송)
茶 偈

※ 「다게」나 다음 쪽의 「헌향진언」 중 하나를 선택하여 집전

청정명다약 능제병혼침
清 淨 茗 茶 藥　能 除 病 昏 沈

유기옹호중 원수애납수
唯 冀 擁 護 衆　願 垂 哀 納 受

원수애납수 원수자비애납수
願 垂 哀 納 受　願 垂 慈 悲 哀 納 受

깨끗하고 맑은 이 차 양약과 같아서
질병졸음 모두 없애줄 수 있나니
바라오니 옹호하신 성현들께선
어여삐 여겨 이 차를 받아주소서.
어여삐 여겨 이 차를 받아주소서.
자비로써 어여삐 여겨 이 공양 받아주소서.

스님

헌향진언(향공양 올리는 진언) -저녁예불때-
獻 香 眞 言

『옴 바아라 도비야 훔』(3번)

 대중

예 참 (예경禮敬과 참회懺悔가 하나인 의식)
禮 懺

지심귀명례 진법계허공계 화엄회상
至心歸命禮 盡法界虛空界 華嚴會上

상계욕색제천중
上界欲色諸天衆

온법계 허공계의 화엄회상 상계인 욕색계
하늘의 여러 대중들께 지심귀명 하옵니다.

지심귀명례 진법계허공계 화엄회상
至心歸命禮 盡法界虛空界 華嚴會上

중계팔부사왕중
中界八部四王衆

온법계 허공계의 화엄회상 중계인 팔부중과
사천왕 등 여러 대중들께 지심귀명 하옵니다.

지심귀명례 진법계허공계 화엄회상
至 心 歸 命 禮 盡 法 界 虛 空 界 華 嚴 會 上

하계당처 일체호법 선신
下 界 當 處 一 切 護 法 善 神

영기등중
靈 祇 等 衆

온법계 허공계의 화엄회상 하계인 불법을
옹호하는 선신들께 지심귀명 하옵니다.

원제천룡팔부중 위아옹호불리신
願 諸 天 龍 八 部 衆 爲 我 擁 護 不 離 身

어제난처무제난 여시대원능성취
於 諸 難 處 無 諸 難 如 是 大 願 能 成 就

바라오니, 용과 하늘 팔부성현은 이 몸을
옹호하여 떠나지 말고 어려운 일 당할 때에
어려움 없애주옵길 바라옵나니 이와같은
크나큰 원 이뤄지이다.

(2) 마하반야바라밀다심경
摩訶般若波羅密多心經

관자재보살 행심반야바라밀다시 조
觀自在菩薩 行深般若波羅蜜多時 照

견오온개공 도일체고액 사리자 색불
見五蘊皆空 度一切苦厄 舍利子 色不

이공 공불이색 색즉시공 공즉시색
異空 空不異色 色卽是空 空卽是色

수상행식 역부여시 사리자 시제법공
受想行識 亦復如是 舍利子 是諸法空

상 불생불멸 불구부정 부증불감 시
相 不生不滅 不垢不淨 不增不減 是

고 공중무색 무수상행식 무안이비설
故 空中無色 無受想行識 無眼耳鼻舌

신의 무색성향미촉법 무안계 내지
身意 無色聲香味觸法 無眼界 乃至

무의식계 무무명 역무무명진 내지
無意識界 無無明 亦無無明盡 乃至

무노사 역무노사진 무고집멸도 무지
無老死 亦無老死盡 無苦集滅道 無智

역무득 이무소득고 보리살타 의반야
亦無得 以無所得故 菩提薩埵 依般若

바라밀다고 심무가애 무가애고 무유
波羅蜜多故 心無罣碍 無罣碍故 無有

공포 원리전도몽상 구경열반 삼세제
恐怖 遠離顚倒夢想 究竟涅槃 三世諸

불 의반야바라밀다고 득아뇩다라삼
佛 依般若波羅蜜多故 得阿耨多羅三

먁삼보리 고지 반야바라밀다 시대신
藐三菩提 故知 般若波羅蜜多 是大神

주 시대명주 시무상주 시무등등주
呪 是大明呪 是無上呪 是無等等呪

능제일체고 진실불허 고설 반야바라
能除一切苦 眞實不虛 故說 般若波羅

밀다주 즉설주왈
蜜多呪 卽說呪曰

『아제 아제 바라아제 바라승아제
모지 사바하』(3번)

(3) 마하반야바라밀다심경(우리말)

관자재보살이 깊은 반야바라밀다를 행할 때, 오온이 공한 것을 비추어 보고 온갖 고통에서 건너느니라.

사리자여! 색이 공과 다르지 않고 공이 색과 다르지 않으며, 색이 곧 공이요 공이 곧 색이니, 수 상 행 식도 그러하니라.

사리자여! 모든 법은 공하여 나지도 멸하지도 않으며, 더럽지도 깨끗하지도 않으며, 늘지도 줄지도 않느니라.

그러므로 공 가운데는 색이 없고 수 상 행 식도 없으며, 안 이 비 설 신 의도 없고, 색성향미촉법도 없으며, 눈의 경계도 의식의 경계까지도 없고, 무명도 무명이 다함까지도 없으며, 늙고 죽음도 늙고 죽음이 다함까지도 없고, 고집멸도도 없으며, 지혜도 얻음도 없느니라. 얻을 것이

없는 까닭에 보살은 반야바라밀다를 의지하므로 마음에 걸림이 없고 걸림이 없으므로 두려움이 없어서, 뒤바뀐 헛된 생각을 멀리 떠나 완전한 열반에 들어가며, 삼세의 모든 부처님도 반야바라밀다를 의지하므로 최상의 깨달음을 얻느니라.

반야바라밀다는 가장 신비하고 밝은 주문이며 위없는 주문이며 무엇과도 견줄 수 없는 주문이니, 온갖 괴로움을 없애고 진실하여 허망하지 않음을 알지니라.

이제 반야바라밀다주를 말하리라.

『아제 아제 바라아제 바라승아제 모지 사바하』

(3번)

사시불공

불공佛供의 의미와 종류

공양(供養)은 범어 푸야나(Pujana)의 의역이며 공시(供施), 공급(供給)이라 번역한다. 즉 공급하여 자양(資養)한다는 뜻을 지니고 있다.

불법에 귀의하여 감사하고 겸손한 마음으로 삼보께 올리는 청정한 모든 것을 공양이라 한다. 공양은 탐욕에 가려져 있는 본래의 자기를 회복하는 수행이며, 이웃을 향한 끝없는 자비와 보살행원의 첫 출발인 것이다.

불공의 유래는 '불자가 부처님께 나아가 공양 올리게 된 동기와 초청 대상의 범위를 말씀드려 승락받은 다음 공양을 준비한다. 공양하는 날 시간이 되면 부처님께서는 대중들과 함께 불자의 집에 가 자리잡고 앉으신다. 공양을 청한 불자는 꽃, 향, 차를 부처님과 스님들께 드리고 예배한다. 이어서 공양을 올리고 자신의 서원과 물음을 말씀드린다'는 부처님 당시의 공양법에서 찾을 수 있다.

불공을 드리기 위해서는 며칠 혹은 당일만이라도 계율을 잘 지켜 몸과 마음을 정결하게 간직하고 가능하면 불공시간(사시:오전 9시~11시)에 가족이 함께(참석하지 못할 경우에는 자신이 있는 곳에서 마음으로 참회 발원함) 참여함으로써 개인과 가정을 정화하고 융화하는 계기가 되도록 해야 한다.

공양은 크게 나누어 세 가지로 설명할 수 있다.

- 법공양(法供養):교법에 따라 보리심을 일으켜 자리이타의 행을 함.
- 재공양(財供養):향, 초, 차, 꽃, 과일, 공양미, 의복, 음식 등 세간의 재물을 공양함.
- 무외시공양(無畏施供養):남들의 불안과 공포를 없애주는 보시로서 공경공양(恭敬供養) 찬탄, 예배 등이 있다.

※ 불공드리는 날 : 불·보살·스님·고인(故人) 등의 재일, 가족·친지·벗 등의 경사가 있을 때, 슬픈 일이 있을 때, 세계 인류와 국가 민족의 경조일, 개인이 불·보살님께 공양올리고 싶을 때 어느 때나 할 수 있다.

사시불공 巳時佛供

-삼보통청三寶通請-

※ 부처님 당시에는 오직 석가모니 부처님과 부처님의 제자들만을 중심으로 공양하였으나, 부처님 입멸 후에는 과거의 모든 부처님들과 현재·미래의 부처님, 그리고 부처님이 설하신 법보 및 부처님의 제자들을 모두 청하여 공양하는 의식이 발달하였다. 각각의 부처님과 보살님 호법신을 따로따로 청하여 공양하는 것을 각청(各請)이라 하고, 함께 청하여 공양하는 것을 통청(通請)이라 한다.

'삼보통청'이란 삼보(三寶)를 함께 청해 공양하는 의식으로 제불통청(諸佛通請)이라 부르기도 한다.

(1)상단불공 上壇佛供 불보살님을 모신 상단에 올리는 공양의식

 스님 **보례진언** (널리 삼보께 예를 드리는 진언)
普禮眞言

아금일신중   즉현무진신
我 今 一 身 中   卽 現 無 盡 身

변재삼보전   일일무수례
遍 在 三 寶 前   一 一 無 數 禮

저희이제 한몸으로 다함없는 몸을 나투어서
두루하신 삼보님 전에 한 분 한 분
무수한 예를 올립니다.

『옴 바아라 믹』 (3번)

대중

천 수 경 千手經

정구업진언 (입으로 지은 업을 깨끗이 하는 진언)
淨 口 業 眞 言

『수리수리 마하수리 수수리 사바하』
(3번)

오방내외 안위제신진언 (다섯 방향의 호법선신을 평안히 좌정케하는 진언)
五 方 內 外 安 慰 諸 神 眞 言

『나무 사만다 못다남 옴 도로도로 지미 사바하』(3번)

개경게 (경전을 펼치며 서원하는 게송)
開 經 偈

무상심심미묘법   가장높고 미묘하고
無 上 甚 深 微 妙 法   깊고깊은 부처님법

백천만겁난조우   백천만겁 지나도록
百 千 萬 劫 難 遭 遇   만나뵙기 어려워라.

아금문견득수지   제가이제 다행히도
我 今 聞 見 得 受 持   보고듣고 지니오니

원해여래진실의   부처님의 진실한뜻
願 解 如 來 眞 實 意   바로알게 하여지다.

개법장진언 (진리의 곳간을 여는 진언)
開 法 藏 眞 言

『**옴 아라남 아라다**』(3번)

천수천안 관자재보살 광대원만
千 手 千 眼　觀 自 在 菩 薩　廣 大 圓 滿
무애대비심 대다라니 계청
無 碍 大 悲 心　大 陀 羅 尼　啓 請

천수천안　관음보살　광대하고　원만하신
걸림없는　대비심의　신묘법문　열으소서

계수관음대비주　　관음보살 대비주에
稽 首 觀 音 大 悲 呪　　머리숙여 절합니다.

원력홍심상호신　　그원력이 위대하고
願 力 弘 深 相 好 身　　상호또한 거룩하사

천비장엄보호지　　일천팔의 장엄으로
千 臂 莊 嚴 普 護 持　　온중생을 거두시고

천안광명변관조　　일천눈의 광명으로
千 眼 光 明 遍 觀 照　　온세상을 살피시며

진실어중선밀어
眞實語中宣密語
참된말씀 베푸시어
비밀한뜻 보이시고

무위심내기비심
無爲心內起悲心
함이없는 마음으로
자비심을 펴십니다.

속령만족제희구
速令滿足諸希求
저희들의 온갖소원
하루속히 이루옵고

영사멸제제죄업
永使滅除諸罪業
모든죄업 남김없이
깨끗하게 씻어지다.

천룡중성동자호
天龍衆聖同慈護
하늘용과 모든성현
모두함께 보살피사

백천삼매돈훈수
百千三昧頓薰修
백천가지 온갖삼매
한꺼번에 깨치이다.

수지신시광명당
受持身是光明幢
법을모신 저희몸은
큰광명의 깃발이요

수지심시신통장
受持心是神通藏
법을모신 이내마음
신통력의 곳간이라

세척진로원제해
洗滌塵勞願濟海
세상티끌 씻어내고
괴롬바다 어서건너

초증보리방편문
超證菩提方便門
보리법의 방편으로
뛰어넘게 하여지다.

아금칭송서귀의
我 今 稱 誦 誓 歸 依

제가이제 대비주를
칭송하며 서원하니

소원종심실원만
所 願 從 心 悉 圓 滿

뜻하는일 마음따라
모두모두 이뤄지다.

나무대비관세음
南 無 大 悲 觀 世 音

자비하신 관세음께
지성귀의 하옵나니

원아속지일체법
願 我 速 知 一 切 法

이세상의 온갖진리
빨리알게 하여지다.

나무대비관세음
南 無 大 悲 觀 世 音

자비하신 관세음께
지성귀의 하옵나니

원아조득지혜안
願 我 早 得 智 慧 眼

부처님의 지혜눈을
빨리얻게 하여지다.

나무대비관세음
南 無 大 悲 觀 世 音

자비하신 관세음께
지성귀의 하옵나니

원아속도일체중
願 我 速 度 一 切 衆

한량없는 모든중생
빨리제도 하여지다.

나무대비관세음
南 無 大 悲 觀 世 音

자비하신 관세음께
지성귀의 하옵나니

원아조득선방편
願 我 早 得 善 方 便

팔만사천 묘한방편
빨리얻게 하여지다

나무대비관세음
南無大悲觀世音
자비하신 관세음께
지성귀의 하옵나니

원아속승반야선
願我速乘般若船
저언덕의 지혜배에
빨리타게 하여지다

나무대비관세음
南無大悲觀世音
자비하신 관세음께
지성귀의 하옵나니

원아조득월고해
願我早得越苦海
생노병사 괴롬바다
빨리넘게 하여지다.

나무대비관세음
南無大悲觀世音
자비하신 관세음께
지성귀의 하옵나니

원아속득계정도
願我速得戒定道
계율선정 훌륭한길
빨리얻게 하여지다.

나무대비관세음
南無大悲觀世音
자비하신 관세음께
지성귀의 하옵나니

원아조등원적산
願我早登圓寂山
극락세계 열반산에
빨리서게 하여지다.

나무대비관세음
南無大悲觀世音
자비하신 관세음께
지성귀의 하옵나니

원아속회무위사
願我速會無爲舍
함이없는 진리의집
빨리알게 하여지다.

나무대비관세음
南 無 大 悲 觀 世 音

자비하신 관세음께
지성귀의 하옵나니

원아조동법성신
願 我 早 同 法 性 身

절대진리 법성의몸
어서빨리 같아지다.

아약향도산　　도산자최절
我 若 向 刀 山　　刀 山 自 摧 折

칼산지옥 제가가면
칼산절로 무너지고

아약향화탕　　화탕자소멸
我 若 向 火 湯　　火 湯 自 消 滅

화탕지옥 제가가면
화탕절로 말라지며

아약향지옥　　지옥자고갈
我 若 向 地 獄　　地 獄 自 枯 渴

지옥세계 제가가면
지옥절로 없어지고

아약향아귀　　아귀자포만
我 若 向 餓 鬼　　餓 鬼 自 飽 滿

아귀세계 제가가면
아귀절로 배부르고

아약향수라　　악심자조복
我 若 向 修 羅　　惡 心 自 調 伏

수라세계 제가가면
악한마음 착해지고

아약향축생　　자득대지혜
我 若 向 畜 生　　自 得 大 智 慧

축생세계 제가가면
지혜절로 생겨지다.

나무관세음보살마하살
南 無 觀 世 音 菩 薩 摩 訶 薩

※ 아미타불의 좌보처 되시며 중생
들의 바램을 살피시고 천눈천손
의 방편으로 구재하시는 보살님

나무대세지보살마하살
南 無 大 勢 至 菩 薩 摩 訶 薩

※ 아미타불의 우보처 되시며 지혜의
광명으로 중생의 고통을 여의고
위없는 힘을 얻게 하시는 보살님

나무천수보살마하살
南無千手菩薩摩訶薩

※ 천수천안의 위신력으로 중생을 돌보는 관세음보살의 화신(化身)

나무여의륜보살마하살
南無如意輪菩薩摩訶薩

※ 중생의 원에 따라 마음대로 여의주와 진리의 수레바퀴를 굴리시는 관세음보살님의 화신

나무대륜보살마하살
南無大輪菩薩摩訶薩

※ 미혹을 끊는 지혜의 큰수레바퀴가 금강과 같은 관세음보살의 화신

나무관자재보살마하살
南無觀自在菩薩摩訶薩

※ 중생의 바램따라 바른 살핌이 자유자재하신 관세음보살의 화신

나무정취보살마하살
南無正趣菩薩摩訶薩

※ 보살행의 바른 길로 중생을 이끄시는 관세음보살의 화신

나무만월보살마하살
南無滿月菩薩摩訶薩

※ 둥글달과 같이 공덕이 원만하고 온 중생에게 골고루 자비를 드리우시는 관세음보살의 화신

나무수월보살마하살
南無水月菩薩摩訶薩

※ 물 위에 비치는 달처럼 자비 화현을 온갖 곳에 펼치시는 관세음보살의 화신

나무군다리보살마하살
南無軍茶利菩薩摩訶薩

※ 감로병을 쥐고 감로의 법비를 번뇌중생에게 뿌려주는 관세음보살의 화신

나무십일면보살마하살
南無十一面菩薩摩訶薩

※ 맨 위는 불과(佛果)를 표시하고 전후좌우는 보살의 10지(地)를 나타내는 관세음보살의 화신

나무제대보살마하살
南無諸大菩薩摩訶薩

※ 아미타불의 좌우협시보살인 관음·세지보살 외의 모든 보살님께 귀의함

『나무본사아미타불』(3번)
南無本師阿彌陀佛

신묘장구대다라니 (신통하고 미묘한 말씀의 대다라니)
神 妙 章 句 大 陀 羅 尼

나모라 다나다라 야야 나막알야 바로기제
새바라야 모지사다바야 마하사다바야
마하가로 니가야 옴 살바 바예수 다라나
가라야 다사명 나막가리다바 이맘알야
바로기제 새바라 다바 니라간타 나막 하리
나야 마발다 이사미 살발타 사다남 수반
아예염 살바 보다남 바바마라 미수다감
다냐타 옴 아로게 아로가 마지로가 지가
란제 혜혜하례 마하 모지 사다바 사마라
사마라 하리나야 구로구로 갈마 사다야
사다야 도로도로 미연제 마하미연제 다라
다라 다린 나례 새바라 자라자라 마라미마라
아마라 몰제 예혜혜 로계 새바라 라아

미사미 나사야 나베 사미사미 나사야 모하
자라 미사미 나사야 호로호로 마라호로
하례 바나마 나바 사라사라 시리시리 소로
소로 못쟈못쟈 모다야 모다야 매다리야
니라간타 가마사 날사남 바라하라나야
마낙 사바하 싯다야 사바하 마하 싯다야
사바하 싯다유예 새바라야 사바하 니라
간타야 사바하 바라하 목카싱하 목가야
사바하 바나마 하따야 사바하 자가라 욕다야
사바하 상카섭나네 모다나야 사바하 마하라
구타다라야 사바하 바마사간타 이사시체다
가릿나 이나야 사바하 먀가라 잘마 이바
사나야 사바하

나모라 다나다라 야야 나막알야 바로기제
새바라야 사바하 (3, 7편 독송)

사방찬 (동서남북을 찬탄함)
四方讚

일쇄동방결도량
一 灑 東 方 潔 道 場

첫째동방 망상씻어
청정도량 세워내고

이쇄남방득청량
二 灑 南 方 得 清 凉

둘째남방 번뇌씻어
끓는마음 시원하며

삼쇄서방구정토
三 灑 西 方 俱 淨 土

셋째서방 탐심씻어
정토세계 이룩하고

사쇄북방영안강
四 灑 北 方 永 安 康

넷째북방 애욕씻어
길이평안 하게하리

도량찬 (도량을 찬탄함)
道場讚

도량청정무하예
道 場 清 淨 無 瑕 穢

온도량이 깨끗하여
더러운곳 없사오니

삼보천룡강차지
三 寶 天 龍 降 此 地

삼보님과 천룡들이
이도량에 오시리다.

아금지송묘진언
我 今 持 誦 妙 眞 言

제가이제 묘한진언
지성으로 외우오니

원사자비밀가호
願 賜 慈 悲 密 加 護

큰자비를 베푸시어
저희들을 살피소서.

참회게 (참회하는 게송)
懺悔偈

아석소조제악업
我昔所造諸惡業

아득히먼 옛날부터
제가지은 모든악업

개유무시탐진치
皆由無始貪瞋痴

크고작은 모든것이
탐진치로 생기었고

종신구의지소생
從身口意之所生

몸과입과 뜻을따라
무명으로 지었기에

일체아금개참회
一切我今皆懺悔

저는지금 일심으로
모두참회 하옵니다.

참제업장십이존불
懺除業障十二尊佛
(업장을 멸하여 주시는 열 두 분의 부처님)

나무 참제업장보승장불
南無 懺除業障寶勝藏佛

업의장애 녹여주는
보승장불께 목숨 다해
지심으로 귀의합니다.

보광왕화렴조불
寶光王火焰照佛

지혜불꽃 비춰주는
부처님께 목숨 다해
지심으로 귀의합니다.

일체향화자재력왕불
一切香華自在力王佛

온갖향기 자재하신
부처님께 목숨 다해
지심으로 귀의합니다.

백억항하사결정불
百億恒河沙決定佛

모래같은 죄없애는
부처님께 목숨다해
지심으로 귀의합니다.

진위덕불
振威德佛

위덕을 떨치시는
부처님께 목숨다해
지심으로 귀의합니다.

금강견강소복괴산불
金剛堅強消伏壞散佛

금강같은 지혜로써
모든죄업 부숴주는 부처님께
지심으로 귀의합니다.

보광월전묘음존왕불
普光月殿妙音尊王佛

보름달과 같으신 밝은 모습
묘한 음성 갖추신 부처님께
지심으로 귀의합니다.

환희장마니보적불
歡喜藏摩尼寶積佛

마니보배 갖추시어 기쁨을
채워주는 부처님께 목숨
다해 지심으로 귀의합니다.

무진향승왕불
無盡香勝王佛

다함없는 향을 갖춘 부처님께
목숨다해 지심으로
귀의합니다.

사자월불
獅子月佛

사자 같은 위덕 갖춘
부처님께 목숨 다해
지심으로 귀의합니다.

환희장엄주왕불
歡喜莊嚴珠王佛

크나큰 기쁨으로 이 세상을
장엄하시는 부처님께 목숨
다해 지심으로 귀의합니다.

제보당마니승광불
帝寶幢摩尼勝光佛

제석천의 깃발같이 위덕있고
마니의 빛 갖추옵신 부처님
께 지심으로 귀의합니다.

십악참회 (열 가지 악업을 참회함)
十 惡 懺 悔

살생중죄금일참회
殺 生 重 罪 今 日 懺 悔

살생하여 지은죄를
오늘모두 참회하고

투도중죄금일참회
偸 盜 重 罪 今 日 懺 悔

남의물건 훔친죄업
오늘모두 참회하고

사음중죄금일참회
邪 婬 重 罪 今 日 懺 悔

사음하는 무거운죄
오늘모두 참회하고

망어중죄금일참회
妄 語 重 罪 今 日 懺 悔

거짓말한 무거운죄
오늘모두 참회하고

기어중죄금일참회
綺 語 重 罪 今 日 懺 悔

꾸며댄말 무거운죄
오늘모두 참회하고

양설중죄금일참회
兩 舌 重 罪 今 日 懺 悔

이간질한 모든죄업
오늘모두 참회하고

악구중죄금일참회
惡 口 重 罪 今 日 懺 悔

험담하온 무거운죄
오늘모두 참회하고

탐애중죄금일참회
貪 愛 重 罪 今 日 懺 悔

탐욕하온 무거운죄
오늘모두 참회하고

진에중죄금일참회
嗔 恚 重 罪 今 日 懺 悔

화를내던 무거운죄
오늘모두 참회하고

치암중죄금일참회
痴暗重罪今日懺悔
어리석은 무거운죄
오늘모두 참회하리

백겁적집죄　일념돈탕진
百劫積集罪　一念頓蕩盡
백겁이나 쌓인죄업
한생각에 녹아져서

여화분고초　멸진무유여
如火焚枯草　滅盡無有餘
마른숲을 불태우듯
남김없이 사라지리

죄무자성종심기
罪無自性從心起
자성없는 모든죄업
마음따라 일어나니

심약멸시죄역망
心若滅是罪亦亡
마음만약 없어지면
죄업또한 없어지고

죄망심멸양구공
罪亡心滅兩俱空
죄와마음 사라져서
두가지다 공적하면

시즉명위진참회
是則名爲眞懺悔
이것들을 말하여서
참된참회 이름하리

참회진언 (업장을 참회하는 진언)
懺悔眞言

『옴 살바 못자 모지 사다야 사바하』 (3번)

준제공덕취　적정심상송
准提功德聚　寂靜心常誦
준제보살 크신공덕
일념으로 늘외우면

일체제대난　무능침시인
一切諸大難　無能侵是人
그어떠한 어려움도
능히침입 못한다네.

천상급인간　수복여불등
天上及人間　受福如佛等
천상계나 인간계나
부처처럼 복받으며

우차여의주　정획무등등
遇此如意珠　定獲無等等
이여의주 만난이는
가장큰법 이룬다네.

『나무칠구지불모대준제보살』(3번)
南無七俱胝佛母大准提菩薩

정법계진언 (법계를 깨끗이 하는 진언)
淨法界眞言

『옴 남』(3번)

호신진언 (몸을 지켜주는 진언)
護身眞言

『옴 치림』(3번)

관세음보살 본심미묘 육자대명왕진언
觀世音菩薩 本心微妙 六字大明王眞言
(관세음보살님의 미묘한 마음을 여섯자로 가장 밝게 드러낸 진언)

『옴 마니 반메 훔』(3번)

준제진언 (준제관음의 진언)
准 提 眞 言

나무 사다남 삼먁 삼못다 구치남 다냐타 『옴 자례 주례 준제 사바하 부림』(3번)

아금지송대준제 我 今 持 誦 大 准 提	제가이제 준제주를 지성으로 외워지녀
즉발보리광대원 即 發 菩 提 廣 大 願	크고넓은 보리심의 광대한원 세우오니
원아정혜속원명 願 我 定 慧 速 圓 明	어서빨리 선정지혜 크고밝게 닦으오며
원아공덕개성취 願 我 功 德 皆 成 就	거룩하신 모든공덕 제가모두 성취하고
원아승복변장엄 願 我 勝 福 遍 莊 嚴	뛰어난복 장엄하여 두루두루 갖추오며
원공중생성불도 願 共 衆 生 成 佛 道	한량없는 중생들과 모두함께 성불하리.

여래십대발원문 (부처님의 열 가지 큰 서원)
如 來 十 大 發 願 文

원아영리삼악도
願 我 永 離 三 惡 道

제가이제 삼악도를
벗어나기 원입니다.

원아속단탐진치
願 我 速 斷 貪 嗔 痴

제가이제 탐진치를
어서끊기 원입니다.

원아상문불법승
願 我 常 聞 佛 法 僧

제가이제 삼보이름
항상듣기 원입니다.

원아근수계정혜
願 我 勤 修 戒 定 慧

제가이제 계정혜를
힘써닦기 원입니다.

원아항수제불학
願 我 恒 隨 諸 佛 學

제가이제 부처따라
항상닦기 원입니다.

원아불퇴보리심
願 我 不 退 菩 提 心

제가이제 보리마음
지키기가 원입니다.

원아결정생안양
願 我 決 定 生 安 養

제가이제 정토세계
태어나기 원입니다.

원아속견아미타
願 我 速 見 阿 彌 陀

제가이제 아미타불
만나뵙기 원입니다.

원아분신변진찰
願 我 分 身 遍 塵 刹

제가이제 나툴몸을
두루펴기 원입니다.

원아광도제중생
願 我 廣 度 諸 衆 生

제가널리 모든중생
제도하기 원입니다.

발사홍서원 (네 가지 큰 서원을 세움)
發 四 弘 誓 願

중생무변서원도
衆 生 無 邊 誓 願 度

한량없는 모든중생
남김없이 건지리다.

번뇌무진서원단
煩 惱 無 盡 誓 願 斷

끝이없는 모든번뇌
남김없이 끊으리다.

법문무량서원학
法 門 無 量 誓 願 學

한량없는 모든법문
남김없이 배우리다.

불도무상서원성
佛 道 無 上 誓 願 成

위가없는 모든불도
남김없이 이루리다.

자성중생서원도
自 性 衆 生 誓 願 度

마음속의 모든중생
남김없이 건지리다.

자성번뇌서원단
自 性 煩 惱 誓 願 斷

마음속의 모든번뇌
남김없이 끊으리다.

자성법문서원학
自 性 法 門 誓 願 學

마음속의 모든법문
남김없이 배우리다.

자성불도서원성
自 性 佛 道 誓 願 成

마음속의 모든불도
남김없이 이루리다.

발원이귀명례삼보
發願已歸命禮三寶

위와같은 크나큰원 발하옵고 삼보전에
목숨바쳐 예배합니다

나무상주시방불
南無常住十方佛

시방세계 항상계신
불보님께 귀의하고

나무상주시방법
南無常住十方法

시방세계 항상계신
법보님께 귀의하고

나무상주시방승
南無常住十方僧

시방세계 항상계신
승보님께 귀의합니다.

> ※ 천수경은 여기까지가 끝임, 다만 불공(佛供)을 올릴 때는 이어지는
> 다음의 진언 (정삼업진언 ~ 정법계진언)까지 독송한다.

정삼업진언 (삼업을 맑히는 진언)
淨三業眞言

『옴 사바바바 수다살바 달마 사바바바
수도함』(3번)

개단진언 (법단을 여는 진언)
開壇眞言

『옴 바아라 놔로 다가다야 삼마야 바라베 사야훔』(3번)

건단진언 (법단을 세우는 진언)
建壇眞言

『옴 난다난다 나지나지 난다바리 사바하』(3번)

정법계진언 (법계를 깨끗이 하는 진언)
淨法界眞言

※준제진언을 외우기 전에 외우는 정법계진언 '옴(唵)남(㘕)'의 '남'을 설명하는 내용을 다음 게송으로 해석한다.

나자색선백 羅字色鮮白	라(ㄹ)자의 빛깔은 희고 맑은데
공점이엄지 空點以嚴之	라자 위에 둥근 점(㘕) 을 곱게 찍으니
여피계명주 如彼髻明珠	맑고 밝은 저 보배 구슬의 상투를

치지어정상	정수리에 받들어
置 之 於 頂 上	둠과도 같네.

진언동법계	진언의 참모습은
眞 言 同 法 界	법계와 같아

무량중죄제	한량없는 모든 죄
無 量 重 罪 除	없애 주나니

일체촉예처	더러운 곳 접촉할 땐
一 切 觸 穢 處	그 어느 때나

당가차자문	이 진언문을 더하여
當 加 此 字 門	지닐지니라.

『나무 사만다 못다남 남』 (3번)

※ 도량석(道場釋)시 '천수경' 대신에 다른 경문을 독송할 때는 천수경 시작부분인 '정구업진언 ～ 개법장진언' 까지 독송한 후 '사대주(p74), 화엄경약찬게(p103), 법성게(p99)' 등을 선택하여 독송한다.

거불 (부처님의 명호를 부르며 법석에 청함)
擧佛

나무 불타부중 광림법회
南無 佛陀部衆 光臨法會

나무 달마부중 광림법회
南無 達磨部衆 光臨法會

나무 승가부중 광림법회
南無 僧伽部衆 光臨法會

모든 부처님께 귀의하오니 이 법회에 나투소서.

모든 법보님께 귀의하오니 이 법회에 나투소서.

모든 승보님께 귀의하오니 이 법회에 나투소서.

 보소청진언 (보살님과 부처님을 권청하는 진언)
普召請眞言

『나무 보보제리 가리다리 다타 아다야』
(3번)

거치 유치 (불공을 올리는 연유를 아룀)
由致

앙유 삼보대성자 종진정계 흥대비운
仰惟 三寶大聖者 從眞淨界 興大悲雲

비신현신 포신운어삼천세계 무법설
非 身 現 身 布 身 雲 於 三 千 世 界 無 法 說

법 쇄법우어팔만진로 개종종방편지
法 灑 法 雨 於 八 萬 塵 勞 開 種 種 方 便 之

문 도망망사계지중 유구개수여공곡
門 導 茫 茫 沙 界 之 衆 有 求 皆 遂 如 空 谷

지전성 무원부종 약징담지인월 시이
之 傳 聲 無 願 不 從 若 澄 潭 之 印 月 是 以

사바세계 차사천하 남섬부주 동양
娑 婆 世 界 此 四 天 下 南 贍 部 州 東 洋

대한민국 (주소) ○○산 수월도량 금
大 韓 民 國 (住 所) 山 水 月 道 場 今

차 지극지정성 헌공발원재자 (주소)
此 至 極 之 精 誠 獻 供 發 願 齋 者 (住 所)

거주 청신사 ○○생 ○○○인 보체 청
居 住 清 信 士 生 人 保 體 清

신녀 ○○생 ○○○인 보체 이차인연
信 女 生 人 保 體 以 此 因 緣

공덕 일체액난 영위소멸 사대강건
功 德 一 切 厄 難 永 爲 消 滅 四 大 强 建

육근청정 심중소구소원 여의원만 형
六 根 清 淨 心 中 所 求 所 願 如 意 圓 滿 亨

통지대원이금월금일 건설법연 정찬
通之大願以今月今日 虔說法筵 淨饌

공양 제망중중 무진삼보자존 훈근작
供養 帝網重重 無盡三寶慈尊 薰勤作

법 앙기묘원자 우복이 설명향이예청
法 仰祈妙援者 右伏以 爇茗香以禮請

정옥립이수재 재체수미 건성가민 기회
呈玉粒而修齋 齋體雖微 虔誠可愍 冀回

자감 곡조미성 근병일심 선진삼청
慈鑑 曲照微誠 謹秉一心 先陳三請

우러러 생각하옵건대, 삼보자존께옵서는 진여의
청정법계로부터 자비의 구름으로 피어나셨습니다.
몸 아니시건만 몸을 나투시니 구름같이 삼천대
천세계를 두루 덮으시고, 말씀할 법이 없건만 말
씀하시니, 법의 비로 팔만사천 번뇌를 씻어주시
며, 갖가지 방편의 문을 여시어 끝없는 고해의
중생을 인도하시니, 구함이 있는 자, 모두 이루어
주심은 마치 깊은 골짜기의 메아리 같고, 원하는
일 모두 성취시켜 주심이 맑은 못의 달그림자 같
사옵니다.

그러하옵기에, 사바세계 남섬부주 동양 대한민국 ○○도 ○○군 ○○사 청정도량에서 ○○에 거주하는 ○○○등이 이러한 인연공덕으로 ○○하게 되옵기를 바라는 소원으로 오늘 이 자리에 삼가 법의 자리 마련하옵고, 조촐한 공양구를 마련하여 끝없이 중중무진 하옵신 삼보자존께 공양 드리나이다.

정성을 다하여 법요를 거행하여 신기한 가피를 바라옵는 저희들은 삼가 싱그러운 향을 사르어 정성껏 맞이하오며, 백옥같은 흰 쌀로 공양을 올리오니, 드리는 공양물은 많지 않사오나 정성 간절하오니, 자비의 광명을 거두지 마옵시고 간절한 정성 낱낱이 굽어 비추어 주시옵소서. 지극한 마음으로 이 법의 자리에 내려오시길 세 번 청하옵니다.

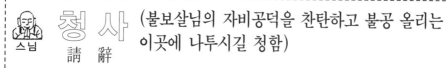

스님 청사 請辭 (불보살님의 자비공덕을 찬탄하고 불공 올리는 이곳에 나투시길 청함)

나무 일심봉청
南無 一心奉請

이대자비 이위체고 구호중생 이위자
以大慈悲 而爲體故 救護衆生 以爲資

량 어제병고 위작양의 어실도자 시
糧 於諸病苦 爲作良醫 於失道者 示

기정로 어암야중 위작광명 어빈궁자
其正路 於闇夜中 爲作光明 於貧窮者

영득복장 평등요익 일체중생 청정법
永得福藏 平等饒益 一切衆生 清淨法

신 비로자나불 원만보신 노사나불
身 毘盧遮那佛 圓滿報身 盧舍那佛

천백억화신 석가모니불 서방교주 아
千百億化身 釋迦牟尼佛 西方教主 阿

미타불 당래교주 미륵존불 시방상주
彌陀佛 當來教主 彌勒尊佛 十方常住

진여불보 일승원교 대화엄경 대승실
眞如佛寶 一乘圓敎 大華嚴經 大乘實

교 묘법화경 삼처전심 격외선전 시
敎 妙法華經 三處傳心 格外禪詮 十

방상주 심심법보 대지문수보살 대행
方常住 甚深法寶 大智文殊菩薩 大行

보현보살 대비관세음보살 대원본존
普賢菩薩 大悲觀世音菩薩 大願本尊

지장보살 전불심등 가섭존자 유통교해
地藏菩薩 傳佛心燈 迦葉尊者 流通敎海

아난존자 시방상주 청정승보 여시삼보
阿難尊者 十方常住 淸淨僧寶 如是三寶

무량무변 일일주변 일일진찰 유원자비
無量無邊 一一周徧 一一塵刹 唯願慈悲

연민유정 강림도량 수차공양
憐愍有情 降臨道場 受此供養

나무 일심봉청(南無 一心奉請)

대자비로 체를 삼고 중생구호 양식 삼아 병고액
란 용한 의사, 길 잃은 자 바른 도사, 어둔 밤에
광명이고, 빈궁자에 보배창고, 일체중생 평등하게
이익 나눠 주시는 분, 청정법신 비로자나 부처님
과 원만보신 노사나 부처님과 천백억 화신 석가
모니 부처님과 극락세계 도사이신 아미타 부처님
과 오는 세상 용화세계에 내려오실 미륵부처님
등 시방에 항상 계신 진여이신 불보와, 일승법의
원만한 교법인 대화엄경과 대승의 실교인 묘법연
화경과 세 곳에서 마음도리 전하신 격식 밖의 선문

등 시방에 항상 계신 매우 깊은 법보와, 지혜제일 문수사리 보살과 만행제일 보현보살과 자비롭기 으뜸이신 관세음보살과 대원본존이신 지장보살과 부처님의 마음을 전해 받은 가섭존자와 교법을 전해주신 아난존자 등 시방에 항상 계신 청정한 승보인 이렇듯 삼보님께옵선 한량없고 끝없는 티끌세계 두루 하셨사오니.

원하옵건대, 대자비를 베푸시어 이 도량에 내려오셔서 공양을 받으옵소서.

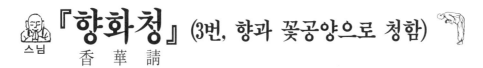
『향화청』(3번, 향과 꽃공양으로 청함)
香華請

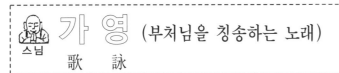
가영 (부처님을 칭송하는 노래)
歌詠

불신보변시방중   삼세여래일체동
佛身普徧十方中   三世如來一體同
광대원운항부진   왕양각해묘란궁
廣大願雲恒不盡   汪洋覺海渺難窮
고아일심귀명정례
故我一心歸命頂禮

부처님몸　두루하여　시방세계　충만하니
삼세여래　부처님도　또한이와　같음이라.
광대무변　원력구름　항상하여　다함없고
넓고넓은　진리바다　아득하여　끝없어라.
저희들은　일심으로　귀명정례　하옵니다.

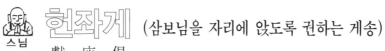

헌좌게
獻座偈 (삼보님을 자리에 앉도록 권하는 게송)

묘보리좌승장엄　제불좌이성정각
妙菩提座勝莊嚴　諸佛坐已成正覺

아금헌좌역여시　자타일시성불도
我今獻座亦如是　自他一時成佛道

묘한보리　연화좌를　훌륭하게　장엄하니
제불보살　앉으시어　깨달음을　이루셨네.
제가이제　올린법좌　그도또한　이같으니
나와남이　모두함께　성불하게　하옵소서.

『옴 바아라 미나야 사바하』(3번)

※ 이어서 법당 내에 위치한 마지종을 치고 마지그릇 뚜껑을 연다

정법계진언 (법계를 깨끗이 하는 진언)
淨法界眞言

『**옴 남**』 (3번, 7번, 21번)

 (공양물을 올리는 게송)
供養偈

공양시방조어사　연양청정미묘법
供養十方調御師　演揚淸淨微妙法

삼승사과해탈승
三乘四果解脫僧

 원수애납수　원수애납수
願垂哀納受　願垂哀納受

원수자비애납수
願垂慈悲哀納受

시방삼세 부처님과 청정한 진리 펼치시는
미묘법과 삼승사과로 해탈하신 승가대중께
공양하오니 애민으로 받으시고 자비하신
원력으로 굽어살펴 주옵소서.

 진언권공 (공양하시기를 권함)
眞言勸供

향수나열 재자건성 욕구공양지주원
香羞羅列 齋者虔誠 欲求供養之周圓
수장가지지변화 앙유삼보 특사가지
須仗加持之變化 仰唯三寶 特賜加持

향긋한 공양을 나열함은

재자의 지극한 정성이옵고

공양이 두루 원만히 이루어지게 하려면

가피력의 변화에 의지해야 하오니

삼보께옵선 특별히 가피를 드리우소서.

『나무시방불 나무시방법 나무시방승』
南無十方佛 南無十方法 南無十方僧

(3번)

무량위덕 자재광명승묘력 변식진언
無量威德 自在光明勝妙力 變食眞言
(한량없는 위덕과 자재광명의 빼어나고 묘한 힘으로 음식을 변화시키는 진언)

『나막 살바다타 아다 바로기제 옴 삼바라 삼바라 훔』(3번)

시감로수진언 (단이슬 감로수를 베푸는 진언)
施 甘 露 水 眞 言

『나무 소로바야 다타아다야 다냐타
옴 소로소로 바라소로 바라소로
사바하』(3번)

일자수륜관진언 ('밤' 한 글자로부터 대지를 받치고
一 字 水 輪 觀 眞 言 있는 물만큼 많은 감로수가 솟구치는
것을 관하는 진언)

『옴 밤 밤 밤밤』(3번)

유해진언 (진리인 불법의 젖을 모자람없이 베푸는 진언)
乳 海 眞 言

『나무 사만다 못다남 옴 밤』(3번)

운심공양진언 (마음을 움직여 공양케 하는 진언)
運 心 供 養 眞 言

원차향공변법계 보공무진삼보해
願 此 香 供 遍 法 界　普 供 無 盡 三 寶 海

자비수공증선근 영법주세보불은 (3번)
慈 悲 受 供 增 善 根　令 法 住 世 報 佛 恩

향긋한 공양을 법계에 두루 펴서 다함없는 삼보님께
두루 공양하오니 자비로써 공양받고 (저희) 선근 늘려
불법 오래 머물게 하여 부처님 은혜 갚게 하여지이다.

『나막 살바다타 아제먁미 새바모계
비약 살바타캄 오나아제 바라혜맘
옴 아아나캄 사바하』(3번)

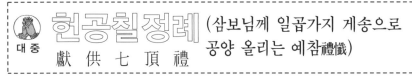

대중 헌공칠정례 獻供七頂禮 (삼보님께 일곱가지 게송으로 공양 올리는 예참禮懺)

지심정례공양 삼계도사 사생자부
至心頂禮供養 三界導師 四生慈父

시아본사 석가모니불
是我本師 釋迦牟尼佛

지극한 마음으로 삼계도사 사생자부

우리본사 석가모니 부처님께 공양올립니다.

지심정례공양 시방삼세 제망찰해
至心頂禮供養 十方三世 帝網刹海

상주일체 불타야중
常住一切 佛陀耶衆

지극한 마음으로 시방삼세 온 누리에 항상계신
부처님께 공양올립니다.

지심정례공양 시방삼세 제망찰해
至心頂禮供養 十方三世 帝網刹海

상주일체 달마야중
常住一切 達磨耶衆

지극한 마음으로 시방삼세 온 누리에 항상 계신
가르침에 공양올립니다.

지심정례공양 대지문수사리보살
至心頂禮供養 大智文殊舍利菩薩

대행보현보살 대비관세음보살
大行普賢菩薩 大悲觀世音菩薩

대원본존 지장보살마하살
大願本尊 地藏菩薩摩訶薩

지극한 마음으로 대지문수사리보살 대행보현보살
대비관세음보살 대원본존 지장보살님께 공양올
립니다.

지심정례공양 영산당시 수불부촉 십대
至心頂禮供養 靈山當時 受佛付囑 十大
제자 십육성 오백성 독수성 내지 천
弟子 十六聖 五百聖 獨修聖 乃至 千
이백 제대아라한 무량자비성중
二百 諸大阿羅漢 無量慈悲聖衆

지극한 마음으로 영산당시 부처님법 부촉받으신
십대제자 십육성과 오백성 독수성현 천이백의
대아라한 무량하신 자비성중께 공양올립니다.

지심정례공양 서건동진 급아해동
至心頂禮供養 西乾東震 及我海東
역대전등 제대조사 천하종사
歷代傳燈 諸大祖師 天下宗師
일체미진수 제대선지식
一切微塵數 諸大善知識

지극한 마음으로 인도 중국 거쳐와서 우리나라
이르도록 밝은 불법 전해주신 수많은 역대조사
천하대종사 많고많은 선지식께 공양올립니다.

지심정례공양 시방삼세 제망찰해
至心頂禮供養 十方三世 帝網刹海
상주일체 승가야중
常住一切 僧伽耶衆

지극한 마음으로 시방삼세 온누리에 항상계신
승보님께 공양올립니다.

유원 무진삼보 대자대비 수차공양
唯願 無盡三寶 大慈大悲 受此供養

명훈가피력 원공법계제중생
冥薰加被力 願共法界諸衆生

자타일시성불도
自他一時成佛道

원하건대 대자비의 다함없는 삼보시여
저희 공양 받으시고 가피력을 내리시어
삼보대성 온 법계의 모든 중생 가피하여
너도나도 모두 함께 무상불도 이뤄지다

보공양진언 (모든 성중에게 두루 공양하는 진언)
대중
普供養眞言
『옴 아아나 삼바바 바아라 훔』(3번)

보회향진언 (헌공의 공덕을 널리 회향하는 진언)
대중
普廻向眞言
『옴 삼마라 삼마라 미만나 사라마하
자가라 바 훔』(3번)

대중 **사대주** (불공시 올리는 네가지 큰 진언) - 사찰에 따라 가감함
四大呪

① 나무 대불정여래 밀인수증요의
南無 大佛頂如來 密因修證了義

제보살만행 수능엄신주
諸菩薩萬行 首楞嚴神呪

『**다냐타 옴 아나례 비사제 비라 바아 라 다리 반다 반다니 바아라 바니반 호훔 다로옹박 사바하**』(3번)

※탁발도중 여색(女色)의 유혹에 빠진 아난을 구하기 위하여 부처님 께서 설하신 진언

② 정본 관자재보살 여의륜주
正本 觀自在菩薩 如意輪呪

『**나무못다야 나무달마야 나무승가야 나무 아리야 바로기제 사라야 모지 사다야 마하 사다야 사가라 마하 가로 니가야 하리다야 만다라 다냐타 가가나 바라 지진다 마니마하 무다례**

루로루로 지따 하리다예 비사예 옴
부다나 부다니 야등』(3번)

※여의륜(如意輪)관세음보살님께서 중생의 업장을 씻어주고 질병
　을 고쳐주시는 진언

❸ 불정심 관세음보살 모다라니
佛頂心　觀世音菩薩　姥陀羅尼

『나모라 다나다라 야야 나막 아리야
바로기제 새바라야 모지 사다바야
마하 사다바야 마하가로 니가야
다냐타 아바다 아바다 바리바제
인혜혜 다냐타 살바 다라니 만다라야
인혜혜 바라 마수다 못다야 옴 살바
작수가야 다라니 인지리야 다냐타
바로기제 새바라야 살바도따 오하
야미 사바하』(3번)

※관세음보살님께서 중생들의 소망, 특히 부모님의 극락왕생을 위
　해 독송하면 분명 정토에 환생할 것이라고 당부하신 진언

❹ 불설소재길상다라니
佛說消災吉祥陀羅尼

『나모 사만다 못다남 아바라지 하다사 사나남 다냐타 옴 카카 카혜 카혜 훔 훔 아바라 아바라 바라아바라 바라아바라 지따 지따 지리 지리 빠다 빠다 선지가 시리예 사바하』(3번)

※모든 재앙을 물리치고 좋은 일만 함께 하기를 기원드리는 진언

🙏 원성취진언 (소원을 성취하는 진언)
대중
願成就眞言

『옴 아모카 살바다라 사다야 시베 훔』(3번)

🙏 보궐진언 (불공의 공덕을 더욱 확실히 성취하도록
대중
補闕眞言 빠진 것을 채워주는 진언)

『옴 호로호로 사야목계 사바하』(3번)

대 중

탄백 (부처님의 덕성을 찬탄함)

찰진심념가수지　대해중수가음진
刹 塵 心 念 可 數 知　　大 海 中 水 可 飮 盡

허공가량풍가계　무능진설불공덕
虛 空 可 量 風 可 繫　　無 能 盡 說 佛 功 德

고아일심 귀명정례 (반배)
故 我 一 心 歸 命 頂 禮

사바세계 티끌 수를 마음으로 헤아리고
큰바다에 모든 물을 남김없이 다 마시며
온 허공을 헤아리고 바람 묶는 재주라도
부처님의 크신 공덕 말로 설해 다 못 하리.

※사찰의 형편에 따라 이어지는 다음의 '정근'을 생략하고 **상단축원**으로
　바로 이어지기도 함.

대중 정근 精勤 '석가모니 정근'을 기본으로 하나 법당의 형편에 맞게 각단정근 중 택하여 봉행

❶ 석가모니불 정근
釋迦牟尼佛 精勤

-일상으로 염송하며 부처님 4대기념일(탄생일, 출가일, 성도일, 열반절)에 사용-

 대중 (정근 精勤)

나무 삼계도사 사생자부 시아본사
南無 三界導師 四生慈父 是我本師

『석가모니불……』
釋迦牟尼佛

삼계의 크신 스승이시고 자비로운 어버이신
저희들의 근본 스승이신 석가모니 부처님께
귀의합니다. 「석가모니불……」

 대중 (귀명찬게 歸命讚偈)

천상천하무여불 시방세계역무비
天上天下無如佛 十方世界亦無比

세간소유아진견 일체무유여불자
世間所有我盡見 一切無有如佛者

하늘위나 하늘아래 우뚝하시어 시방법계 그누구도
비할바없네 모든세상 온갖곳을 다둘러봐도
부처님과 같은분은 없으시도다.

❷ 관세음보살 정근

觀世音菩薩 精勤

-각종 경사, 참회, 발원 등 의식때 많이 행함-

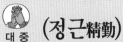 대중 **(정근精勤)**

나무 보문시현 원력홍심 대자대비

南無 普門示現 願力弘深 大慈大悲

구고구난『관세음보살……』

救苦救難 觀世音菩薩

사바세계 두루하사 크고 깊은 원력으로
자비심을 펼치시어 고난에서 구하시는
관세음 보살님께 귀의합니다.「관세음보살……」

관세음보살 멸업장진언

觀世音菩薩 滅業障眞言

『옴 아로늑계 사바하』(3번)

 대중 **(귀명찬게歸命讚偈)**

구족신통력 광수지방편 시방제국토

具足神通力 廣修智方便 十方諸國土

무찰불현신 고아일심귀명정례(반배)

無剎不現身 故我 一心歸命頂禮

신통한힘 갖추시고 지혜방편 널리닦아
시방법계 온갖국토 두루모습 나투시니
제가이제 일심으로 귀명정례 하나이다.

(참회게懺悔偈와 회향송廻向頌)

대중

- '관음정근' 뒤에는 반드시 독송하고 다른 불보살님 정근에는 재량껏 삽입 가능-

원멸 사생육도 법계유정
願 滅 四生六道 法 界 有 情

다겁생래제업장 아금참회계수례
多 劫 生 來 諸 業 障 我 今 懺 悔 稽 首 禮

원제죄장실소제 세세상행보살도(3번)
願 諸 罪 障 悉 消 除 世 世 常 行 菩 薩 道

원하노니 사생육도 온갖 중생들
다겁생에 지은 업장 소멸하길 원하오며
저희이제 간절한 마음으로 참회하오니
모진 악업 나쁜 번뇌 녹여버리고
세세생생 보살도를 닦아지이다.

원이차공덕 보급어일체 아등여중생
願 以 此 功 德 普 及 於 一 切 我 等 與 衆 生

당생극락국 동견무량수 개공성불도(반배)
當 生 極 樂 國 同 見 無 量 壽 皆 共 成 佛 道

원컨대 이 공덕 두루 일체 중생에게 회향하오니
나와 모든 중생들 모두 함께 극락세계 태어나
다같이 아미타불 뵈옵고 나와 온갖 이웃들
모두 함께 성불하여지이다.

③ 지장보살 정근
地藏菩薩 精勤

-49재나 각종 천도의식 때 행함-

🙏 (정근精勤)
대중

나무 남방화주 대원본존『지장보살…』
南無 南方化主 幽冥教主 地藏菩薩
남섬부주의 교화주이신 지장보살님께 귀의합니다.
「지장보살…」

지장보살 멸정업진언
地藏菩薩 滅定業眞言

『옴 바라 마니다니 사바하』(3번)

🙏 (귀명찬게歸命讚偈)
대중

지장대성위신력 항하사겁설난진
地藏大聖威神力 恒河沙劫說難盡
견문첨례일염간 이익인천무량사
見聞瞻禮一念間 利益人天無量事
고아일심귀명정례(반배)
故我一心歸命頂禮

지장보살 위대한힘 말로하기 어려워라
한순간만 뵙더라도 이익됨이 한없으니
제가이제 일심으로 귀명정례 하나이다.

삼보축원 (삼보님 전에 올리는 축원)
三寶祝願

※ 부처님 제세시에 공양을 마치고 난 후 시주한 사람
에게 부처님께서 축원해 준 것을 재현

앙고 시방삼세 제망중중 무진삼보자
仰告 十方三世 帝網重重 無盡三寶慈

존 불사자비 허수낭감
尊 不捨慈悲 許垂朗鑑

상래소수공덕해 회향삼처실원만
上來所修功德海 回向三處悉圓滿

시이 사바세계 차사천하 남섬부주
是以 娑婆世界 此四天下 南贍部洲

동양 대한민국 (주소) ○○사 청정
東洋 大韓民國 寺 清淨

수월도량 원아금차 지극정성 헌공발
水月道場 願我今此 至極精誠 獻供發

원재자 대한민국 ○○거주 ○○보체
願齋者 大韓民國 居住 保體

시회대중 청신사 청신녀 동남동녀
時會大衆 青信士 青信女 童男童女

백의단월 각각등 보체 이차인연공덕
白衣檀越 各各等 保體 以此因緣功德

앙몽제불보살 가피지묘력 일체재화
仰 蒙 諸 佛 菩 薩　加 被 之 妙 力　一 切 災 禍

일체마장 영위소멸 가내안과태평 재
一 切 摩 障　永 爲 消 滅　家 內 安 過 太 平　財

수대통 사업번창 자손창성 무병장수
數 大 通　事 業 繁 昌　子 孫 昌 盛　無 病 長 壽

만사형통지대원 각기심중소구 여
萬 事 亨 通 之 大 願　各 其 心 中 所 求　如

의원만 일일유 천상지경 시시무 백
意 圓 滿　日 日 有　千 祥 之 慶　時 時 無　百

해지재 수산고흘 복해왕양지대원
害 之 災　壽 山 高 屹　福 海 汪 洋 之 大 願

동참재자 각각등보체 불법문중 신심
同 參 齋 者　各 各 等 保 體　佛 法 門 中　身 心

견고 영불퇴전 발아뇩다라삼먁삼보
堅 固　永 不 退 轉　發 阿 耨 多 羅 三 藐 三 菩

리지대원
提 之 大 願

참선자 의단독로 염불자 삼매현전
參 禪 者　疑 團 獨 露　念 佛 者　三 昧 現 前

간경자 혜안통투 주력자 업장소멸
看 經 者　慧 眼 通 透　呪 力 者　業 障 消 滅

병고자 즉득쾌차 운전자 안전운행
病苦者 卽得快差 運轉者 安全運行

박복자 복덕구족 빈궁자 영득복장
薄福者 福德具足 貧窮者 永得福藏

어실도자 시기정로 학업자 지혜총명
於失道者 示其正路 學業者 智慧聰明

사업자 사업번창 농업자 오곡풍성
事業者 事業繁昌 農業者 五穀豊盛

공업자 안전조업 상업자 재수대통
工業者 安全操業 商業者 財數大通

직무자 수분성취 각기심중소구소원
職務者 隨分成就 各其心中所求所願

여의원만성취지대원
如意圓滿成就之大願

앙원 금차 헌공발원재자 ○○○각각
仰願 今此 獻供發願齋者 各各

등복위 상서선망 사존부모 다생사장
等伏爲 上逝先亡 師尊父母 多生師長

누대종친 제형숙백 자매질손 원근친척
累代宗親 弟兄叔伯 姉妹姪孫 遠近親戚

일체권속등 각열위열명영가 이차인연
一切眷屬等 各列爲列名靈駕 以此因緣

공덕 즉왕생극락세계 친견미타 몽불
功德 卽往生極樂世界 親見彌陀 蒙佛

수기 돈오무생법인지대원
受記 頓悟無生法忍之大願

연후원 항사법계 무량불자등 동유화
然後願 恒沙法界 無量佛子等 同遊華

장장엄해 동입보리대도량 상봉화엄
藏莊嚴海 同入菩提大道場 常逢華嚴

불보살 항몽제불대광명 소멸무량중
佛菩薩 恒蒙諸佛大光明 消滅無量重

죄장 획득무량대지혜 돈성무상최정
罪障 獲得無量大智慧 頓成無上最正

각 광도법계제중생 이보제불막대은
覺 廣度法界諸衆生 以報諸佛莫大恩

세세상행보살도 구경원성살바야
世世常行菩薩道 究竟圓成薩婆若

마하반야바라밀(3번)
摩訶般若波羅蜜

나무석가모니불 나무석가모니불
南無釋迦牟尼佛 南無釋迦牟尼佛

나무시아본사 석가모니불
南無是我本師 釋迦牟尼佛

　시방삼세 제망중중 다함없는 삼보자존께 우러러 고하노니 대자비로 살펴주옵소서. 이제 바다 같은 공덕으로 보리, 실제, 중생 세 곳에 회향하오니 모두 다 원만하여지이다.

　사바세계 남섬부주 동양 대한민국 (주소) ○○사 청정수월 도량에서 원하옵건대 금일 지극한 정성으로 공양 올리는 재자는 대한민국 ○○처 거주 ○○○ 보체입니다.

　이외에도 오늘 모인 대중인 청신사 청신녀 동남동녀 백의단월 ○○○ 각각 등 보체들이 이러한 인연 공덕으로 제불보살님의 보살피시는 오묘한 가피력을 받아서, 일체의 재앙과 마장이 영원히 소멸되고, 제각기 동서사방 출입하는 곳마다 언제나 좋은 일 만나고 해로운 일 만나지 않으며, 삼재팔난 사백사병 한꺼번에 소멸되고, 사대가 강건하고 육근이 청정하여 철석 같은 몸이 되고, 태산 같은 마음 되어 가정이 모두 화목하고 편안한 삶을 살고, 재수가 대통하고 사업이 번창하며, 자손은 창성하고 복덕이 구족하며, 병고가 없고 수명이 길어지며, 온갖 일이 형통하여 어려운 일 사라지고, 마음속에 구하던 바 뜻과 같이 원만하게 성취하며, 매일매일 여러가지 상서로운 경사 있고, 어느 때나 일체재앙 없어지고, 수명은 태산 같이 길어지고, 복덕은 바다처럼 넓어지기를 널리 살펴 주옵소서.

거듭 원하오니, 동참재자 ○○○ 보체님들은 부처님 집안에서 신심이 견고하여 영원히 물러나지 아니하고, 보리행원 닦고 닦아 아뇩다라삼먁삼보리를 속득 성취하여지이다.

참선자는 의단이 드러나고, 염불자는 삼매가 현전하며, 간경자는 혜안이 열리고, 주력자는 업장이 소멸되며, 박복자는 복덕이 구족하고, 병고자는 곧바로 쾌차하며, 운전자는 안전하게 운행하고, 빈궁자는 오래오래 복 얻으며, 길 잃은 자 바른 길을 보여 주고, 학업자는 지혜가 총명하며, 사업자는 사업이 번창하고, 농업자는 오곡이 풍성하며, 공업자는 안전하게 조업하고, 상업자는 재수가 대통하며, 직무자는 직분 따라 성취하고 제각기 마음속에 구하며 바라는 바 뜻과 같이 원만하게 성취되기를 원하옵니다.

거듭 바라옵건대, 저희 이제 공양 올려 발원하는

재자 ○○○ 각각 등 복위, 윗대로 돌아가신 존엄하신 부모님, 여러 생의 스승님, 여러 대의 종친들, 형제 숙부, 백부, 자매, 조카, 손자, 멀고 가까운 친척 일체 권속 등 각열위열명 영가께서 이러한 인연공덕으로 곧바로 극락에 왕생하여 아미타부처님을 친견하고 부처님의 수기를 받으시고 무생법인 곧바로 깨닫기를 원하옵니다.

그리고 마지막으로 원하오니, 항하강의 모래알 같은 한없는 불자들이 장엄한 연화장 바다에 같이 노닐며, 보리 대도량에 함께 들어가 화엄세계 불보살을 항상 뵈오며, 모든 부처님의 대광명을 입고 무량한 무거운 죄업장이 소멸되며, 무량한 대지혜를 얻어 단번에 위없는 가장 바른 깨달음을 이루옵고, 법계의 모든 중생들을 널리 제도하여 이로써 모든 부처님들의 더할 나위없는 은혜를 갚사오며, 세상마다 보살도를 실천하여 끝내는 부처님 같은 일체지가 원만하게 이루어지이다.

마하반야바라밀

나무석가모니불 나무석가모니불 나무시아본사석가모니불

(2) 중단퇴공 中壇退供

-상단불공을 마치면 올렸던 공양물을 신중단으로 옮긴 후 올리는 퇴공의식-

 진공진언 (공양이 시작됨을 알리는 진언)
스님　進供眞言

『옴 살바 반자 사바하』(3번)

공양게 (공양올리는 게송)
대중　供養偈

이차청정향운공 봉헌옹호성중전
以此淸淨香雲供　奉獻擁護聖衆前

감찰재자건간심
鑑察齋者虔懇心

원수애납수　　원수애납수
願垂哀納受　　願垂哀納受

원수자비애납수
願垂慈悲哀納受

청정하고 향기로운 공양 받들어 화엄성중
신중전에 드리옵나니 재자들의 간절한 마음
살피사 애민으로 받으시고 자비하신 원력으로
굽어살펴 주옵소서.

대중

중단 예참
中壇 禮懺

지심정례공양 진법계 허공계 화엄회상
至心頂禮供養盡法界虛空界華嚴會上

상계욕색제천중
上界欲色諸天衆

온 법계 허공계의 화엄회상 욕계 색계 하늘의
여러 대중께 지심으로 절하옵고 공양합니다.

지심정례공양 진법계 허공계 화엄회상
至心頂禮供養盡法界虛空界華嚴會上

중계팔부사왕중
中界八部四王衆

온법계 허공계의 화엄회상 팔부중과 사천왕의
여러 대중께 지심으로 절하옵고 공양합니다.

지심정례공양 진법계 허공계 화엄회상
至心頂禮供養盡法界虛空界華嚴會上

하계당처 일체호법 선신영기등중
下界當處 一切護法 善神靈祇等衆

온 법계 허공계의 화엄회상 불법을 옹호하는
착한 신들께 지심으로 절하옵고 공양합니다.

유원 신중자비 옹호도량
唯願 神衆慈悲 擁護道場

실개수공발보리 시작불사도중생
悉皆受供發菩提 施作佛事度衆生

원컨대 성중께선 큰 자비로써 이 도량을
보살피시며 모두 다 공양받아 구도심을 내고
불사 일으키시어 여러 중생 건져지이다.

보공양진언 (모든 성중에게 두루 공양하는 진언)
普供養眞言
대중

『옴 아아나 삼바바 바아라 훔』(3번)

마하반야바라밀다심경 (p31 참조)
摩訶般若波羅蜜多心經
대중

화엄경 약찬게 (p103 참조)
華嚴經 略讚偈
대중

불설소재길상다라니 (재앙을 소멸하고 상서로움을 부르는 진언)
佛說消災吉祥陀羅尼
대중

『나모 사만다 못다남 아바라지 하다사

사나남 다냐타 옴 카카 카혜 카혜
훔훔 아바라 아바라 바라 아바라 바라
아바라 지따 지따 지리 지리 빠다
빠다 선지가 시리예 사바하』(3번)

원성취진언(소원을 성취하는 진언)
대중 願成就眞言

『옴 아모카 살바다라 사다야 시베
훔』(3번)

보궐진언 (불공의 공덕을 더욱 확실히 성취하도록 부족함을
대중 補闕眞言   채워주는 진언)

『옴 호로호로 사야목계 사바하』(3번)

보회향진언 (헌공의 공덕을 널리 회향하는 진언)
대중 普回向眞言

『옴 삼마라 삼마라 미만나 사라마하
자가라 바 훔』(3번)

화엄성중정근
대중 華嚴聖衆精勤

나무 불법문중 불리수호 옹호도량
南無 佛法門中 不離守護 擁護道場

『화엄성중…』
華嚴聖衆

불법을 믿고 따른 모든 이들 잠시도 떠나지
않고 지켜주시는 화엄성중께 귀의합니다.
『화엄성중…』

화엄성중혜감명　사주인사일념지
華嚴聖衆慧鑑明　四洲人事一念知

애민중생여적자　시고아금공경례
哀愍衆生如赤子　是故我今恭敬禮

화엄성중 지혜로서 밝게비추사
온갖세상 사람의일 환히아시고
우리들을 자식처럼 살펴주시니
제가이제 공경하며 예배합니다.

신중축원 (신중님께 올리는 축원)
神衆祝願

앙고 화엄회상 제대성현 첨수연민
仰告 華嚴會上 諸大聖賢 僉垂憐愍

지지정 각방신통지묘력 시이 사바
之至情 各放神通之妙力 是以 娑婆

세계 남섬부주 해동 대한민국 (주소)
世界 南贍部洲 海東 大韓民國

○○산하 ○○사 청정수월도량 원아
山下 寺 淸淨水月道場 願我

금차 지극정성 헌공발원재자 사시
今此 至極精誠 獻供發願齋者 巳時

예불 발원재자 각각등보체 앙몽화엄
禮佛 發願齋者 各各等保體 仰蒙華嚴

성중 가호지묘력 신무일체병고 재악
聖衆 加護之妙力 身無一切病苦 災惡

작난 영위소멸 각기사대강건 육근
作難 永爲消滅 各其四大强健 六根

청정 악인원리 귀인상봉 자손창성
淸淨 惡人遠離 貴人相逢 子孫昌盛

부귀영화 만사일일 여의원만성취지
富貴榮華 萬事日日 如意圓滿成就之

발원 再告祝 원아금차 지극지정성
發願　　　再告祝　願我今此　至極之精誠

발원재자 각각등보체 각기 동서사방
發願齋者　各各等保體　各其　東西四方

출입재처 상봉길경 불봉재악 관재
出入諸處　常逢吉慶　不逢災惡　官災

구설 삼재팔난 사백사병 일시소멸
口舌　三災八難　四百四病　一時消滅

재수대통 부귀영화 만사여의 원만
財數大通　富貴榮華　萬事如意　圓滿

형통지대원 연후원 처세간여허공
亨通之大願　　然後願　處世間如虛空

여련화불착수 심청정초어피 계수례
如蓮華不着水　心淸淨超於彼　稽首禮

화엄성중존 구호길상 대중 마하반야
華嚴聖衆尊　俱護吉祥　　　摩訶般若

바라밀(3번)
波羅蜜

우러러 화엄회상의 여러 성현님께 사뢰옵니다.
모두에게 가엾이 여기는 마음을 내리시고 모두에
게 신통의 힘을 발현해 주옵소서.

지금 이 자리에 지극한 정성으로 발원하옵는 사시 예불 발원재자 사바세계 남섬부주 해동 대한민국 (주소) ○○산하 ○○사 청정 수월도량에서 각각 등 보체는 화엄회상 제대성현의 가호의 힘을 입으시어 몸에는 일체 병고가 없고, 온갖 재앙과 장애와 어려움이 영원히 소멸되오며, 제각기 사대가 강건하고 육근이 청정하여, 악한 사람은 멀리 여의고, 귀한 사람은 많이 만나게 하여 주옵소서. 그리하여 자손이 창성하고 부귀영화를 누리며, 모든 일이 날마다 여의원만 성취케 하여 주옵소서.

다시 원하옵건대, 오늘 발원하옵는 ○○○ 각각 등 보체, 각기 동서사방 온갖 곳을 출입하더라도 항상 경사만 만나고 재앙을 만나지 않게 해주시고, 관재 구설이며 삼재팔난이며, 사백사병 등이 일시에 소멸되오며, 재수대통 부귀영화하여 만사여의 형통하여지이다. 그리고 거듭 원하오니, 이 세상 살아가기를 허공같이 되오며 연꽃에 물이 묻지 않듯 마음이 청정하여 저 언덕으로 뛰어넘게 해주옵소서.

모든 길상 잘 보호하시는 화엄성중존께 머리 숙여 경례하옵니다. 마하반야바라밀(3번)

독 송

자리를 펴고 앉을 때는 이와 같이 원하라.
중생들이 스승을 잘 섬겨
선한 법을 익히고 행하게 하여지이다.

결가부좌를 하고 앉을 때에는 이와 같이 원하라.
중생들의 선근이 견고하여
부동지를 얻게 하여지이다.

선정을 닦을 때는 이와 같이 원하라.
중생들이 선정의 힘으로 마음을 조복하여
구경까지 남음이 없게 하여지이다.

　│화엄경 정행품│　中에서

1. 의상조사 법성게
義 湘 祖 師 法 性 偈

법성원융무이상 제법부동본래적
法 性 圓 融 無 二 相 　諸 法 不 動 本 來 寂

무명무상절일체 증지소지비여경
無 名 無 相 絶 一 切 　證 智 所 知 非 餘 境

진성심심극미묘 불수자성수연성
眞 性 甚 深 極 微 妙 　不 守 自 性 隨 緣 成

일중일체다중일 일즉일체다즉일
一 中 一 切 多 中 一 　一 卽 一 切 多 卽 一

일미진중함시방 일체진중역여시
一 微 塵 中 含 十 方 　一 切 塵 中 亦 如 是

무량원겁즉일념 일념즉시무량겁
無 量 遠 劫 卽 一 念 　一 念 卽 是 無 量 劫

구세십세호상즉 잉불잡란격별성
九 世 十 世 互 相 卽 　仍 不 雜 亂 隔 別 成

초발심시변정각 생사열반상공화
初 發 心 時 便 正 覺 　生 死 涅 槃 常 共 和

이사명연무분별 십불보현대인경
理 事 冥 然 無 分 別 　十 佛 普 賢 大 人 境

능인해인삼매중 번출여의부사의
能仁海印三昧中 繁出如意不思議

우보익생만허공 중생수기득이익
雨寶益生滿虛空 衆生隨器得利益

시고행자환본제 파식망상필부득
是故行者還本際 叵息妄想必不得

무연선교착여의 귀가수분득자량
無緣善巧捉如意 歸家隨分得資量

이다라니무진보 장엄법계실보전
以陀羅尼無盡寶 莊嚴法界實寶殿

궁좌실제중도상 구래부동명위불
窮坐實際中道床 舊來不動名爲佛

의상조사 법성게(우리말)

뚜렷하온 법의성품 한결같은 모습이여
온갖법이 제자리라 본래부터 고요하네.
이름없고 모양없어 일체분별 끊었으니
지혜로서 증득할뿐 지식으론 알수없네.

참된성품　깊고깊어　지극히도　미묘하여
본래자성　따르잖고　인연따라　이뤄지니
하나속의　모두이듯　모든속의　하난지라
하나가곧　그모두요　모두가곧　하나로다.

한티끌속　그가운데　시방세계　담겨있듯
온갖세상　모든티끌　또한그와　같나니라.
셀수없는　오랜세월　한생각의　찰라이듯
한생각의　그순간도　한량없는　세월일세.
시간속에　거듭시간　엉켜있는　모양이나
뒤섞이지　아니하고　서로따로　이뤄지네.

처음발심　했을때가　깨달음의　바른자리
나고죽음　무여열반　서로함께　조화롭네.
진리이던　현상이던　나눌것이　본래없어
온갖부처　보현보살　대인들의　경계로다.

온갖성현　어진이들　해인삼매　가운데서
부사의한　온갖방편　뜻과같이　베푸시어
중생위한　감로법우　허공가득　뿌려주니
모든중생　근기따라　이익됨을　얻는다네.

그러므로　수행자가　무상정각　이루려면
분별망상　쉬찮고는　결코얻지　못하리니
인연없는　방편으로　여의주를　잡는다면
고향에갈제　분수따라　많은양식　얻으리라.

신묘하온　다라니의　다함없는　보배로서
화장법계　보배궁전　장엄하게　세우고서
실제적멸　중도옥좌　당당하게　앉고보면
본래부터　변함없는　그이름이　부처로다.

2. 화엄경 약찬게
華 嚴 經 略 纂 偈

대방광불화엄경
大 方 廣 佛 華 嚴 經

용수보살약찬게
龍 樹 菩 薩 略 纂 偈

나무화장세계해
南 無 華 藏 世 界 海

비로자나진법신
毘 盧 遮 那 眞 法 身

현재설법노사나
現 在 說 法 盧 舍 那

석가모니제여래
釋 迦 牟 尼 諸 如 來

과거현재미래세
過 去 現 在 未 來 世

시방일체제대성
十 方 一 切 諸 大 聖

근본화엄전법륜
根 本 華 嚴 轉 法 輪

해인삼매세력고
海 印 三 昧 勢 力 故

보현보살제대중
普 賢 菩 薩 諸 大 衆

집금강신신중신
執 金 剛 神 身 衆 神

족행신중도량신
足 行 神 衆 道 場 神

주성신중주지신
主 城 神 衆 主 地 神

주산신중주림신
主 山 神 衆 主 林 神

주약신중주가신
主 藥 神 衆 主 稼 神

주하신중주해신
主 河 神 衆 主 海 神

주수신중주화신
主 水 神 衆 主 火 神

주풍신중주공신
主風神衆主空神

주방신중주야신
主方神衆主夜神

주주신중아수라
主晝神衆阿修羅

가루라왕긴나라
迦樓羅王緊那羅

마후라가야차왕
摩睺羅伽夜叉王

제대용왕구반다
諸大龍王鳩槃茶

건달바왕월천자
乾闥婆王月天子

일천자중도리천
日天子衆切利天

야마천왕도솔천
夜摩天王兜率天

화락천왕타화천
化樂天王他化天

대범천왕광음천
大梵天王光音天

변정천왕광과천
遍淨天王廣果天

대자재왕불가설
大自在王不可說

보현문수대보살
普賢文殊大菩薩

법혜공덕금강당
法慧功德金剛幢

금강장급금강혜
金剛藏及金剛慧

광염당급수미당
光焰幢及須彌幢

대덕성문사리자
大德聲聞舍利子

급여비구해각등
及與比丘海覺等

우바새장우바이
優婆塞長優婆夷

선재동자동남녀
善財童子童男女

기수무량불가설
其數無量不可說

선재동자선지식　문수사리최제일
善財童子善知識　文殊舍利最第一

덕운해운선주승　미가해탈여해당
德雲海雲善住僧　彌伽解脫與海幢

휴사비목구사선　승열바라자행녀
休舍毘目瞿沙仙　勝熱婆羅慈行女

선견자재주동자　구족우바명지사
善見自在主童子　具足優婆明智士

법보계장여보안　무렴족왕대광왕
法寶髻長與普眼　無厭足王大光王

부동우바변행외　우바라화장자인
不動優婆遍行外　優婆羅華長者人

바시라선무상승　사자빈신바수밀
婆施羅船無上勝　獅子嚬伸婆須密

비슬지라거사인　관자재존여정취
毘瑟祇羅居士人　觀自在尊與正趣

대천안주주지신　바산바연주야신
大天安住主地神　婆珊婆演主夜神

보덕정광주야신　희목관찰중생신
普德淨光主夜神　喜目觀察衆生神

보구중생묘덕신　적정음해주야신
普救衆生妙德神　寂靜音海主夜神

수호일체주야신
守 護 一 切 主 夜 神

개부수화주야신
開 敷 樹 華 主 夜 神

대원정진력구호
大 願 精 進 力 救 護

묘덕원만구바녀
妙 德 圓 滿 瞿 婆 女

마야부인천주광
摩 耶 夫 人 天 主 光

변우동자중예각
遍 友 童 子 衆 藝 覺

현승견고해탈장
賢 勝 堅 固 解 脫 長

묘월장자무승군
妙 月 長 者 無 勝 軍

최적정바라문자
最 寂 靜 婆 羅 門 者

덕생동자유덕녀
德 生 童 子 有 德 女

미륵보살문수등
彌 勒 菩 薩 文 殊 等

보현보살미진중
普 賢 菩 薩 微 塵 衆

어차법회운집래
於 此 法 會 雲 集 來

상수비로자나불
常 隨 毘 盧 遮 那 佛

어련화장세계해
於 蓮 華 藏 世 界 海

조화장엄대법륜
造 化 莊 嚴 大 法 輪

시방허공제세계
十 方 虛 空 諸 世 界

역부여시상설법
亦 復 如 是 常 說 法

육육육사급여삼
六 六 六 四 及 與 三

일십일일역부일
一 十 一 一 亦 復 一

세주묘엄여래상
世 主 妙 嚴 如 來 相

보현삼매세계성
普 賢 三 昧 世 界 成

화장세계노사나
華藏世界盧舍那

여래명호사성제
如來名號四聖諦

광명각품문명품
光明覺品問明品

정행현수수미정
淨行賢首須彌頂

수미정상게찬품
須彌頂上偈讚品

보살십주범행품
菩薩十住梵行品

발심공덕명법품
發心功德明法品

불승야마천궁품
佛昇夜摩天宮品

야마천궁게찬품
夜摩天宮偈讚品

십행품여무진장
十行品與無盡藏

불승도솔천궁품
佛昇兜率天宮品

도솔천궁게찬품
兜率天宮偈讚品

십회향급십지품
十廻向及十地品

십정십통십인품
十定十通十忍品

아승지품여수량
阿僧祇品與壽量

보살주처불부사
菩薩住處佛不思

여래십신상해품
如來十身相海品

여래수호공덕품
如來隨好功德品

보현행급여래출
普賢行及如來出

이세간품입법계
離世間品入法界

시위십만게송경
是爲十萬偈頌經

삼십구품원만교
三十九品圓滿敎

풍송차경신수지　초발심시변정각
諷誦此經信受持　初發心時便正覺

안좌여시국토해　시명비로자나불
安坐如是國土海　是名毘盧遮那佛

法性圓融無二相　諸法不動本來寂
無名無相絕一切　證智所知非餘境
真性甚深極微妙　不守自性隨緣成
一中一切多中一　一即一切多即一
一微塵中含十方　一切塵中亦如是
無量遠劫即一念　一念即是無量劫
九世十世互相即　仍不雜亂隔別成
初發心時便正覺　生死涅槃常共和
理事冥然無分別　十佛普賢大人境
能仁海印三昧中　繁出如意不思議
雨寶益生滿虛空　衆生隨器得利益
是故行者還本際　叵息妄想必不得
無緣善巧捉如意　歸家隨分得資糧
以陀羅尼無盡寶　莊嚴法界實寶殿
窮坐實際中道床　舊來不動名爲佛

화엄일승법계도華嚴一乘法界圖

3. 무 상 계 無常戒

부무상계자는 입열반지요문이요 월고
夫 無 常 戒 者　　入 涅 槃 之 要 門　　越 苦

해지자항이라 시고로 일체제불이 인차
海 之 慈 航　　是 故　　一 切 諸 佛　　因 此

계고로 이입열반하시고 일체중생도 인차
戒 故　　而 入 涅 槃　　一 切 衆 生　　因 此

계고로 이도고해하니라
戒 故　　而 度 苦 海

○○영가여 여금일에 형탈근진하고 영
　　　　靈 駕　　汝 今 日　　迥 脫 根 塵　　靈

식독로하여 수불무상정계하니 하행여야오
識 獨 露　　受 佛 無 上 淨 戒　　何 幸 如 也

○○영가여 겁화통연하여 대천구괴하고
　　　　靈 駕　　劫 火 洞 然　　大 千 俱 壞

수미거해도 마멸무여어든 하황차신의
須 彌 巨 海　　磨 滅 無 餘　　何 況 此 身

생로병사와 우비고뇌를 능여원위아
生 老 病 死　　憂 悲 苦 惱　　能 與 遠 違

○○영가여 발모조치와 피육근골과 수
靈駕　髮毛爪齒　皮肉筋骨　髓

뇌구색은 개귀어지하고 타체농혈과 진
腦垢色　皆歸於地　唾涕膿血　津

액연말과 담루정기와 대소변리는 개귀
液涎沫　痰淚精氣　大小便利　皆歸

어수하고 난기는 귀화하고 동전은 귀풍하여
於水　煖氣　歸火　動轉　歸風

사대각리하면 금일망신이 당재하처오
四大各離　今日亡身　當在何處

○○영가여 사대허가하여 비가애석이라
靈駕　四大虛假　非可愛惜

여종무시이래로 지우금일이 무명연행
汝從無始已來　至于今日　無明緣行

하고 행연식하며 식연명색하고 명색연육입
行緣識　識緣名色　名色緣六入

하며 육입연촉하고 촉연수하며 수연애하고
六入緣觸　觸緣受　受緣愛

애연취하며 취연유하고 유연생하며 생연노
愛緣取　取緣有　有緣生　生緣老

사우비고뇌하나니 무명멸즉행멸하고 행
死憂悲苦惱　無明滅則行滅　行

멸즉식멸하며 식멸즉명색멸하고 명색멸
滅則識滅　識滅則名色滅　名色滅

즉육입멸하며 육입멸즉촉멸하고 촉멸즉
則六入滅　六入滅則觸滅　觸滅則

수멸하며 수멸즉애멸하고 애멸즉취멸하며
受滅　受滅則愛滅　愛滅則取滅

취멸즉유멸하고 유멸즉생멸하며 생멸즉
取滅則有滅　有滅則生滅　生滅則

노사우비고뇌멸하느니라
老死憂悲苦惱滅

제법종본래로 상자적멸상이니 불자행
諸法從本來　常自寂滅相　佛子行

도이하면 내세득작불하리라 제행이 무상이라
道已　來世得作佛　諸行無常

시생멸법이니 생멸이 멸이하면 적멸이 위
是生滅法　生滅　滅已　寂滅爲

락이니라 귀의불타계하고 귀의달마계하며
樂　歸依佛陀戒　歸依達磨戒

귀의승가계하라 나무과거보승여래 응
歸依僧伽戒　南無過去寶勝如來　應

공 정변지 명행족 선서 세간해 무
供　正遍知　明行足　善逝　世間解　無

상사 조어장부 천인사 불 세존이니라
上士 調御丈夫 天人師 佛 世尊

○○영가여 탈각오음각루자하고 영식
靈駕 脫却五陰殼漏子 靈識

독로하며 수불무상정계하니 기불쾌재며
獨露 受佛無上淨戒 豈不快哉

기불쾌재아 천당불찰에 수념왕생하리니
豈不快哉 天堂佛刹 隨念往生

쾌활쾌활이로다
快活快活

서래조의최당당 자정기심성본향
西來祖意最當當 自淨其心性本鄕

묘체담연무처소 산하대지현진광
妙體湛然無處所 山河大地現眞光

무상계 (우리말)

무상계는 열반세계 들어가는 문이되고 생사고해
건너가는 자비로운 배입니다.

부처님도 이계로써 대열반에 드시옵고 중생들도
이계로써 생사고해 건너가니 영가시여 그대들은
오늘날에 이르러서 눈귀코혀 몸과뜻과 색과소리
냄새와맛 접촉대상 인식대상 그모든것 벗어나서
신령스런 맑은식이 오롯하게 드러나서 부처님의
한이없는 청정계를 받게되니 이얼마나 다행하고
기쁜일이 아닙니까.

○○ 영가시여

때가되면 세계도다 무너지고 수미산과 큰바다도
모두말라 없어지니 하물며   이몸뚱이 그대로
있으리요 생로병사 근심고뇌 그칠새가 없사오니
영가시여 머리털과 손톱발톱 이빨들과 가죽과살
힘줄과뼈 두개골과 이몸뚱이 굳은것은 모두가다

흙으로써 돌아가고 침과눈물 고름과피 진액과땀
가래눈물 모든정액 대소변은 모두물로 돌아가고
내몸속의 더운기운 모두불로 돌아가고 움직이는
동작들은 바람으로 돌아가서 네요소가 각각서로
흩어지게 되옵나니 오늘날의 영가몸이 그어디에
있으리요 영가시여 네요소가 허망하고 거짓이니
사랑하고 아낄것이 그하나도 없습니다.
◯◯ 영가시여,
끝이없는 옛날부터 오늘날에 이르도록 무명으로
말미암아 행이   있게되고 행으로   말미암아
식이 있게 되고   식으로   말미암아 명색이
있게되고 명색으로 말미암아 육입이   있게되고
육입으로 말미암아 접촉이   있게되고 접촉으로
말미암아 느낌이   있게되고 느낌으로 말미암아
애착이   있게되고 애착으로 말미암아 취함이
있게되고 취함으로 말미암아 있음이   있게되고

있음으로 말미암아 태어남이 있게되고 태어남을
말미암아 늙고죽음 근심걱정 괴로움이 있습니다.
무명이   없어지면 행이또한 없어지고 행이
없어지면 식이또한 없어지고 식이   없어지면
명색또한 없어지고 명색이   없어지면 육입또한
없어지고 육입이   없어지면 접촉또한 없어지고
접촉이   없어지면 느낌또한 없어지고 느낌이
없어지면 애착또한 없어지고 애착이   없어지면
취함또한 없어지고 취함이   없어지면 있음또한
없어지고 있음이   없어지면 태어남이 없어지고
태어남이 없어지면 늙고죽음 없어지고 근심걱정
괴로움도 모두모두 없어지오.
모든것은 본래항상 고요한 모습이니 불자들이
이이치를 깨닫고서 수행하면 오는세상 틀림없이
부처님이 되오리다. 모든것은 무상하여 나고죽는
법이오니 태어나고 죽는것이 모두다   사라지면

고요한　대열반의　즐거움을 누리리다.

거룩하신 부처님께 목숨바쳐 의지하고 위없는

가르침에 목숨바쳐 의지하고 청정하신 승가에

목숨바쳐 의지하고 과거의　보승여래 응공

정변지 명행족 선서 세간해　무상사　조어장부

천인사　불세존께　목숨바쳐　절합니다.

◯◯ 영가시여,

오온의　껍데기를　벗어나고 신령스런 맑은식이

오롯하게 드러나서 부처님의 위없는　청정계를

받게되니 이 어찌　상쾌하고 기쁘지　않으리요.

천당극락　불국토에　마음대로　가서나니

상쾌하고　좋을시고　상쾌하고　좋을시고

서쪽에서　오신조사　그뜻이　당당하여

내마음을　맑게하니　본성이　고향이라

묘한본체　맑고밝아　머무는곳　없사오니

산과물과　온대지가　참다운빛　드러내네.

《법회》

사홍서원

중생을 다 건지오리다.
번뇌를 다 끊으오리다.
법문을 다 배우오리다.
불도를 다 이루오리다.

四弘誓願

衆生無邊誓願度
煩惱無盡誓願斷
法門無量誓願學
佛道無上誓願成

(1) 개회선언

(2) 집회가

정운문 작사
정민섭 작곡

밝게(♪=116)

우 리는 성 – 전에 　모 – 두모 – 였 네 　 –
우 리는 불 – 전에 　모 – 두모 – 였 네 　 –

대 　자비 대광명이 　충 만하 – 신 　곳 　 –
대 　원력 대보살이 　웃 음짓 – 는 　곳 　 –

거 룩하신 부처님의 　진 – 리를 배 워 　 –
장 하옵신 보살님의 　원 – 력을 따 라 　 –

무 상보리 이루어서 　생 사면 – 하 고 　 –
무 상불도 이루어서 　고 해면 – 하 고 　 –

가 없는 중 – 생을 　제 – 도하 – 고 저 　 –
수 많은 중 – 생을 　인 – 도하 – 고 저 　 –

성 스러운 불회상에 　같 이모 – 였 　네 　 –
존 엄하신 불도량에 　같 이모 – 였 　네 　 –

(3) 삼귀의(三歸依)

귀의불 양족존(歸依佛 兩足尊)
귀의법 이욕존(歸依法 離欲尊)
귀의승 중중존(歸依僧 衆中尊)

1)법정法頂스님 / 2)최영철 작사
서창업 작곡

엄숙하게(♩=69)

1) 거 룩 한   부 - 처 님 께   귀 의 합 니 다
2) 거 룩 한   부 - 처 님 께   귀 의 합 니 다

위 없 는   가 - 르 침 에   귀 의 합 니 다
거 룩 한   가 - 르 침 에   귀 의 합 니 다

청 정 한   승 — 가 에   귀 의 합 니 다
거 룩 한   스 - 님 들 께   귀 의 합 니 다

※ (1)번 가사는 무소유의 가르침을 펼치다 입적하신 법정스님께서 번역하신 '삼귀의' 입니다.

(4) 찬양합니다

조학유 작사
작곡자 미상

둥글고또한 밝은빛은 우주를싸고 고
저모든하늘 가운데서 가장높 - 고 이

르고다시 넓은덕은 만물을길러 억
넓은세상 만류중에 제일귀하사 지

만겁토록 변함없는 부처님전에 한
혜와복덕 구족하신 부처님전에 한

마음함께 기울여서 찬양합니다
마음함께 기울여서 찬양합니다

(5) 마하반야바라밀다심경
摩訶般若波羅密多心經

관자재보살 행심반야바라밀다시 조견오온개공 도
觀自在菩薩 行深般若波羅蜜多時 照見五蘊皆空 度

일체고액 사리자 색불이공 공불이색 색즉시공 공
一切苦厄 舍利子 色不異空 空不異色 色卽是空 空

즉시색 수상행식 역부여시 사리자 시제법공상 불
卽是色 受想行識 亦復如是 舍利子 是諸法空相 不

생불멸 불구부정 부증불감 시고 공중무색 무수상
生不滅 不垢不淨 不增不減 是故 空中無色 無受想

행식 무안이비설신의 무색성향미촉법 무안계 내
行識 無眼耳鼻舌身意 無色聲香味觸法 無眼界 乃

지 무의식계 무무명 역무무명진 내지 무노사 역무
至 無意識界 無無明 亦無無明盡 乃至 無老死 亦無

노사진 무고집멸도 무지역무득 이무소득고 보리
老死盡 無苦集滅道 無智亦無得 以無所得故 菩提

살타 의반야바라밀다고 심무가애 무가애고 무유
薩埵 依般若波羅蜜多故 心無罣碍 無罣碍故 無有

공포 원리전도몽상 구경열반 삼세제불 의반야바
恐怖 遠離顚倒夢想 究竟涅槃 三世諸佛 依般若波

라밀다 고득아뇩다라삼먁삼보리 고지 반야바라밀
羅蜜多 故得阿耨多羅三藐三菩提 故知 般若波羅蜜

다 시대신주 시대명주 시무상주 시무등등주 능제
多 是大神呪 是大明呪 是無上呪 是無等等呪 能除

일체고 진실불허 고설 반야바라밀다주 즉설주왈
一切苦 眞實不虛 故說 般若波羅蜜多呪 卽說呪曰

『아제 아제 바라아제 바라승아제 모지 사바하』(3번)

(6) 청법가

이 광 수 작사
이 찬 우 작곡

(♪=84)

덕 높-으신 스-승님   사 자-좌에 오 르 사--

사 자-후를 합-소서   감 로-법을 주-소서

옛 인연을 이 어서   새 인연을 맺-도록

대 자-비를 베-푸사   법을-설하 옵-소서

(7) 입정(入定)

입정은 법문을 듣기 위하여 몸의 자세를 바르게 하고 마음을 밝고 고요하게 하는 것을 말한다.

마치 물이 맑고 잔잔하면 사물의 그림자가 선명하게 나타나듯이 마음이 맑고 잔잔해야 법문의 뜻이 가슴 깊숙히 와 닿는다. 그러므로 입정 시간은 넉넉히 할수록 바람직하다.

몸의 자세와 마음가짐은 좌선할 때와 같이 하면 된다.

(8) 설법(說法)

설법이란, 법을 설하는 법사가 부처님을 대신하여, 경전에 근거한 설법이나 스스로 터득한 깨달음의 경지를 설하는 것을 말한다.

법문 내용이 알고 있는 것으로서 너무 쉽다고 생각될 때엔 자신의 행동과 생활이 부처님 가르침과 일치하고 있는가를 돌이켜 보면서 깊고 깊은 뜻을 온전히 자기 것이 되도록 겸허하고 성실하게 마음을 써야 한다. 반면 너무 생소하거나 어렵다고 느껴질 때엔 자신의 견해와 안목을 넓고 깊게 하려는 진지한 자세로 경청하여 부처님의 참뜻을 바르게 이해하려는 진중한 뜻을 지녀야 한다.

법사를 모시지 않고 신도들만의 법회일 경우엔 경전의 한 부분을 낭독(독송)하거나 사전에 한 사람이 연구하여 발표하는 방법도 바람직하다.

(9) 정근(精勤, 78p참조)

(10) 발원문 봉독(축원)

법사를 모시고 봉행하는 법회일 경우에는 먼저 법주인 법사가 법회축원을 행하고, 불자들끼리의 법회일 경우에는 때와 장소에 맞는 발원문을 낭송하면 된다.

(11) 사홍서원(四弘誓願)

중생무변서원도(衆生無邊誓願度)
번뇌무진서원단(煩惱無盡誓願斷)
법문무량서원학(法門無量誓願學)
불도무상서원성(佛道無上誓願成)

최 영 철　글
서 창 업　편곡

⑿ 산회가

정운문 작사
정민섭 작곡

시원스럽게(♩=104)

몸 은비-록 이 자리에서 헤 어-지지 만

마 음-은 언 제라도 떠나-지마 세

거룩하 신 부 처님 항 상모시- 고

오 늘배-운 높은법문 깊이-새겨 서

다 음 날 반 갑게 한맘한뜻으 로

부 처 님 의 성 전-에 다시만나 - 세

❊ 찬불가 ❊

관세음의 노래

저희들의 어린마 - 음 거 - 두어주옵소서
길잃은 - 중생에 - 게 바른길을열으소서
우리모두 보 - 살 - 의 설흔두몸되오리다

나무구고구난 관세-음-보살 나무대자대비 관세-음-보살

보현행원

허공계와 중생 - 계가 다할지라 - 도

오늘 - 세운 이서 - 원은 끝없사 - 오 - 리

불교도의 노래

새법우 환영가

정 다 운 작사
서 창 업 작곡

부처님의 은 덕으로 참 - 나를 찾으니
먼길이나 험 한길도 다 - 같이 도우며

오 늘부터 온 - 우주에 주 인이되었 네
우 리 들 은 형 - 제자매 손 잡고갑시 다

어 진 맘 과 참 된힘을 다 - 받쳐줄 법 우 들
서 로 서 로 사 랑하고 서 - 로용서 하 면 은

한 겨 레 의 짙 - 은피로 보 련화피우 세
사 바 세 계 이 - 대로가 극 락 - 이라 네

자비방생의 노래

이혜성 작사
서창업 작곡

홀로피는 연꽃

우 성 작사
서 창 업 작곡

사무치게 (♩=69)

맑은바람 스-미는 초여름연못 에
해가지는 산-기슭 고요한연못 에
달이뜨는 두메산을 적막한연못 에

모든시름 잊-은 듯 초연하게 피-는모 습
임은가도 홀로남 아 청아하게 피-는모 습
꿈을꾸듯 물-에 떠 소담하게 피-는모 습

홀깃보 면 여민듯 이 다시보 면 웃는듯 이
눈을뜨 면 선연하 게 눈감으 면 아련하 게
다가올 듯 멀어지 고 멀어질 듯 다가오 는

연연히 풍겨오 는 그윽한임의향 기
오탁의 연못속 에 아름도하시어 라
아쉬운 임의모 습 내맘에머물거 라

아-아--- 연꽃이 피-는구 나

아--아-- 연꽃이 지-는 구 나

경전을 간행하고 독경하는 열가지 공덕

1. 전생에 지은 죄업이 곧 소멸되고 무거운 것은 가벼워진다.
2. 항상 선신이 보호하여 삼재팔난에서 벗어난다.
3. 전생의 원수들이 원결을 풀어 보복이 없어진다.
4. 삿된 기운이 침해를 받지 않는다.
5. 몸과 마음이 안락하고 꿈자리가 상서롭다.
6. 의식이 풍족해지고 가정이 화목해진다.
7. 사람들이 친근감을 갖게 되고 대중들의 공경예배를 받게 된다.
8. 지혜가 자라나고 질병이 소멸된다.
9. 장애자로 태어나지 않고 좋은 상호를 갖추게 된다.
10. 임종 후에는 정토에 태어나 열반의 길에 오른다.

예불의식집

초판발행 불기2554(2010)년 7월 10일
5판 발행 불기2566(2022)년 9월 20일

펴낸곳 / **불교서원佛敎書院**
펴낸이 / 문선우
편집인 / 안미화
마케팅 / 무진아
광주광역시 동구 동계천로95번길 34
대표전화 : (062)226-3056   전송 : 5056

출판등록번호 : 제 105-01-0160호

값 3,800원

전법을 위한 법공양품은 특별가격으로 제작해드립니다.